Piensa claro

Piensa claro

Ocho reglas para descifrar el mundo
y tener éxito en la era de los datos

KIKO LLANERAS

Papel certificado por el Forest Stewardship Council®

Penguin
Random House
Grupo Editorial

Primera edición: septiembre de 2022
Primera reimpresión: noviembre de 2022

© 2022, Francisco Llaneras Estrada
© 2022, Penguin Random House Grupo Editorial, S. A. U.
Travessera de Gràcia, 47-49. 08021 Barcelona

Printed in Spain – Impreso en España

ISBN: 978-84-18967-07-8
Depósito legal: B-11.862-2022

Compuesto en Pleca Digital, S. L. U.
Impreso en Black Print CPI Ibérica
Sant Andreu de la Barca (Barcelona)

C 9 6 7 0 7 8

A Paula y al azar dichoso

Índice

Introducción.   13

PRIMERA REGLA

Acepta la complejidad del mundo

Vives en un lugar complejo.   21
Todo tiene muchas causas.   31
De lo simple emerge lo complejo   41
Algunas cosas se causan a sí mismas   49

SEGUNDA REGLA

Piensa en números

Mide muchas cosas.   61
Explora tus datos   73
Haz cálculos rápidos.   81

TERCERA REGLA

Protege tus muestras de sesgos

Tu percepción no sabe tomar muestras. 87

Cuidado con los sesgos de selección 95

Pondera para mejorar tu muestra 103

CUARTA REGLA

Asume que atribuir causas es difícil

Correlación no implica causalidad. 113

Haz experimentos con grupos de control. 129

Corolario: no desprecies las correlaciones. 141

QUINTA REGLA

No desprecies el azar

Los sucesos regresan a la media 147

No confundas ruido con señal. 157

Si tienes pocos datos, frena tu entusiasmo. 169

Ten cuidado con las rachas 179

Distingue entre explorar y confirmar. 187

SEXTA REGLA

Predice sin negar la incertidumbre

Asume que reina la incertidumbre 201
Predice con probabilidades 211
Piensa como un superpronosticador 221

SÉPTIMA REGLA

Admite los dilemas y haz malabares

Ten cuidado con ver solo la mitad del problema 237
Razona en términos de Pareto 243
Haz como un planificador soviético:
    aprende optimización 251

OCTAVA REGLA

Desconfía de tu intuición

Frena tus conclusiones precipitadas 261
¿Y si no fueses especial? 271

EPÍLOGO: Por una mirada híbrida 281
REFERENCIAS 285
AGRADECIMIENTOS 287

Introducción

¿Crees que los datos son algo nuevo? No tan deprisa. Han sido siempre una pieza básica de la ciencia, que es nuestro método para generar nuevo conocimiento. Los científicos pioneros se dedicaron a recorrer la Tierra buscando especímenes, como Charles Darwin a bordo del Beagle, para luego ordenarlos, clasificarlos y tabularlos. La contabilidad era esencial. Había que identificar los tipos de escarabajos, recoger miles de hojas y decidir si en el planeta hay tres tipos de rocas o siete variedades de clima. Otros han recopilado nuestros vestigios, como hachas de mano o cuentas de collares, para medirlos, pesarlos y datarlos, y luego elucubrar sobre las personas que los sostuvieron: ¿qué soñaban? ¿Qué temían? ¿Por qué pintaban en parajes inaccesibles?

La novedad es que ahora los datos nos rodean a ti y a mí. La digitalización, que es la gran transformación del siglo XXI, los ha multiplicado y los ha hecho omnipresentes. Si regentas una pequeña tienda, tienes que vigilar tus existencias; si eres una ejecutiva de una empresa de camiones, tendrás que predecir el precio de la gasolina; y si eres jardinero, y quieres que tus parterres luzcan verdes, tendrás que calcular cuánto regarlos. Hay pocos oficios que no vayan a cuantificarse. Y aunque el tuyo sea uno de esos, da igual, porque los números están también en tu vida diaria, como cuando pides una hipoteca o cuando escoges un colegio para tus hijos. Los datos te rodean.

Es así con cualquier cosa que te preocupe o te seduzca. Si quieres ser bióloga para estudiar la vida de las ballenas, piensa que lo harás con datos. Vas a registrar sus conversaciones submarinas desde tu embarcación, secuenciarás el genoma para conocer su parentesco y las seguirás en sus viajes usando un GPS. No importa si quieres descifrar la creatividad humana, aprender de los pulpos o ayudar en la escuela a los niños de las familias más desfavorecidas. Vas a necesitar una mirada cuantitativa. No la querrás para todo en tu vida, pero sí algunas veces.

Este es el argumento esencial de este libro: el mundo es un lugar complejo y los datos te ayudan a descifrarlo.

Quién escribe esto

Desde niño me han movido la curiosidad y el afán recolector. Me recuerdo de pequeño en un merendero, en mitad de un viaje en coche, fascinado porque había muchas chapas de refrescos por el suelo. Para horror de mi madre, me propuse llevarme a casa una de cada: Fanta, KAS, Coca-Cola, Choleck, cerveza, etcétera. Pero había cientos esparcidos por la tierra embarrada y había que seguir el viaje. Recuerdo la ansiedad de contemplar la explanada y sentirla un universo vastísimo: ¡era inabarcable! ¿Qué maravillas iba a dejar atrás? Es un sentimiento que tienen muchos niños —saberse pequeños frente al universo—, pero en mi caso la angustia era, sobre todo, por no poder *ordenarlo*.

Me gustaba organizar y era obsesivo. Hacía listas de todo, de cómics ya leídos o de películas por ver, y llevaba una contabilidad imposible para estirar mi paga y comprar una Mega

Drive. Esos impulsos los he ido domesticando. Es uno de los golpes de suerte de mi vida, de hecho, haber logrado canalizar esa tendencia hacia actividades remuneradas. Al acabar una carrera de ingeniería me doctoré, y durante diez años me dediqué a investigar con modelos matemáticos el comportamiento de ciertas bacterias. Fue mi primera obsesión legitimada con un trabajo. Pero no fue la última. En 2006 empecé a escribir un blog por afición, cuando internet estaba en ebullición, y resultó que había muchos lectores con ganas de datos y gráficos. Acabó siendo mi segunda profesión: en 2015 dejé la universidad y desde entonces me dedico al periodismo. La gente se sorprende de ese viaje: «¿Cómo saltas de ser profesor de ingeniería a trabajar en *El País*?». Pero lo que hago no es tan diferente. Vivo de hacerme una trampa: me obsesiono con algo a voluntad. Elijo un asunto interesante, me esfuerzo por entender sus números y luego escribo para contar lo que he descubierto. Es un proceso que sirve igual para predecir elecciones, escribir sobre fútbol o seguir una pandemia.

Aquí recojo las ideas que me ayudan en esta tarea.

Qué es este libro

Es una lista, como era de esperar. Una recopilación de decenas de consejos útiles, una especie de patrones para pensar mejor. Algunos son atajos virtuosos («mide muchas cosas»; «haz cálculos rápidos») y otros son advertencias para esquivar trampas («no confundas correlación y causalidad»). Funcionan como una lista de comprobación. Te recuerdan el tipo de preguntas que es bueno hacerse al analizar cualquier asunto, grande o pequeño: «¿Me puede estar engañando el azar?», «¿Estoy contemplando una asociación al revés?», «¿Cómo de probable es esto?», «¿Estoy pecando de optimista?». En la lista hay conceptos conocidos, otros más exóticos y muchas ideas curiosas, porque es divertido observar qué se le da bien (y mal) a nuestro ancestral cerebro.

El libro se divide en estas ocho reglas:

1. Acepta la complejidad del mundo.
2. Piensa en números.
3. Protege tus muestras de sesgos.
4. Asume que atribuir causas es difícil.
5. No desprecies el azar.
6. Predice sin negar la incertidumbre.
7. Admite los dilemas y haz malabares.
8. Desconfía de tu intuición.

Las reglas se pueden leer sueltas, aunque están conectadas. Por eso hay asuntos que aparecen en varias de ellas. A las personas nos ayuda clasificar todo en cajas —rocas, climas o mis ocho reglas—, pero la realidad prefiere desparramarse. Hay dos ideas especialmente recurrentes en el libro, porque son las que le dan sentido: la complejidad de lo que nos rodea y los límites de la intuición. Si nuestros cerebros fuesen infalibles o el mundo simple, pensar claro sería trivial y este texto sería innecesario... Pero ninguna de las dos cosas es cierta.

Por eso he tratado de escribir un libro sencillo, pero no *demasiado sencillo*. He querido evitar la tentación de exagerar el alcance de la idea sobre la que trato. Es una debilidad que encuentro en muchos libros fantásticos y populares —sobre el poder de la concentración, sobre la fuerza de practicar o sobre el valor de ser un generalista—. ¿No llevan sus tesis demasiado lejos? De esa rotundidad saldrán mejores charlas TED, directas y convincentes, pero desconfío de las ideas simples que prometen cambiarte la vida. Es más, si tuviese que elegir una sola idea, sería esta: casi todo es más complicado de lo que parece.

UNA MIRADA ÚTIL Y MÁS QUE ESO

Este libro quiere ayudarte a ejercitar tu mirada cuantitativa. Tiene una motivación práctica, porque esa mirada es útil, pero va más allá: es también una forma de encontrar la belleza.

Para algunas personas está mal contemplar lo que nos rodea queriendo explicarlo, o, como se dice a veces, «reducirlo a números». Sienten que eso mata su atractivo, como si entender de qué modo se forman los ríos fuese a hacer menos placentera la experiencia de escuchar el agua fluir. Escribo este libro convencido de que no es así en absoluto: al contrario, creo que las personas disfrutamos contemplando la realidad y sus sutilezas, tratando de descifrarlas, en parte lográndolo y en parte fracasando. Podemos ser como los niños que se miran los deditos y alucinan, porque esa cualidad para el asombro nunca se pierde del todo. Por eso nos atraen las paradojas y los enigmas; por eso seguimos leyendo tras una pregunta —¿por qué lo hacemos?—; y por eso nos iluminamos cuando algo nos sorprende y se desencadena una cascada química que nos vuelve felices un instante.

Descubrir los engranajes del mundo, y en especial del mundo humano, es interesante para mucha gente; desde luego lo es para mí. He escogido ejemplos que me llaman la atención. ¿Por qué corremos riesgos sin pensarlos? ¿Por qué apostamos mal? ¿Por qué casi nadie en la NBA vio que Marc Gasol sería excepcional? Aprenderemos de las vacunas contra la COVID-19 y de

Barack Obama, que dormía tranquilo pensando en probabilidades. Te contaré cómo hago para escribir un buen titular de noticia y por qué tantos futbolistas nacen en enero.

Pero vamos a empezar hablando de anguilas, unos animales extraños que nos servirán para demostrar que el mundo es un lugar complicado, pero también bello y fascinante.

PRIMERA REGLA

Acepta la complejidad del mundo

Vives en un lugar complejo

Donde hablo de la anguila, un animal asombroso que nos re-
cuerda que cualquier cosa es más complicada de lo que parece.
La naturaleza se comporta de formas que nos resultan contrain-
tuitivas, extrañas y, en ocasiones, del todo impredecibles.

I

Las anguilas europeas son esos peces con forma de serpiente
que viven en los ríos del continente. Son unos animales cualesquiera, pero lo cierto es que no son poca cosa. Pueden vivir décadas, recorren miles de kilómetros para aparearse y llevan a
cabo tres metamorfosis diferentes a lo largo de su vida.

Lo primero que tienes que saber de estas anguilas es que no
nacen en el río, sino en una región marina concreta: el mar de
los Sargazos, el único que no tiene fronteras terrestres (es un
nudo que delimitan cuatro corrientes). Sus larvas son transparentes y muy pequeñas, perfectas para verse arrastradas por la
corriente del golfo, cruzar un océano de miles de kilómetros y
alcanzar las costas europeas donde vivirán. Es un plan rocambo-
lesco, pero es lo que hacen. Llegan al continente transformán-
dose en angulas, todavía transparentes pero un poco más grandes
y más fuertes, lo que les permite salirse de la corriente y lanzar-
se a remontar ríos. En ese momento ya tienen aspecto de angui-

las en miniatura. Cada animal remonta un río a contracorriente, de Asturias o de Escania, y elige una poza enfangada donde instalarse. No irá a ningún sitio en mucho tiempo: después de recorrer miles de kilómetros, pasará diez o veinte años en esos doscientos metros. Tampoco hará gran cosa: comer, crecer, volverse amarillo y seguir viviendo.

La anguila está ahí esperando, hasta que un día, activada quién sabe por qué, decidirá reproducirse. Abandonará la charca y emprenderá su viaje de vuelta al mar de los Sargazos. Para ello se transformará de nuevo, se tornará plateada y madurará sexualmente. Su sistema digestivo se atrofiará, volviéndose inservible, y la anguila hará el viaje sin comer. Recorrerá el océano en aguas profundas y alcanzará, no se sabe con qué probabilidad, el mar de los Sargazos, o un lugar más o menos próximo, donde su especie cierra el círculo. Una vez allí, se reproducirá y morirá.

Las anguilas fueron un misterio durante siglos. Los pescadores europeos nunca encontraban sus larvas, como es lógico, porque estaban en un mar ignoto a miles de kilómetros. Tampoco diferenciaban machos de hembras, porque las anguilas amarillas que vivían en los ríos todavía no tenían las gónadas desarrolladas. Con el tiempo, esos misterios fueron resolviéndose, aunque las anguilas siguen siendo un animal difícil de entender. ¿Por qué tanto lío? ¿Por qué una especie nace en un mar concreto, tan lejos del hábitat donde vivirá durante décadas? ¿Qué ventaja evolutiva ofrece eso? Las preguntas se amontonan: ¿cómo elige la anguila el río que va a remontar? ¿Cómo sabe que es momento de volver al océano? Y sobre todo: ¿cómo se orienta? En los Sargazos nacen las anguilas europeas, pero también las americanas, que son una especie distinta. Piénsalo: están todas mezcladas allí, en el Atlántico septentrional, pero, de algún modo, unas consiguen llegar a América y otras a Europa para remontar los ríos de España, Suecia, Finlandia o Rusia.

Lo que quiero decir es que las anguilas son complicadas. Cuando las observas, descubres que no es sencillo entender cómo actúan y por qué hacen lo que hacen. Pero no son animales realmente especiales, sino el ejemplo de un patrón:

El mundo es un lugar complejo.

Esa es la primera idea de este libro. Hay muchas cosas que decir sobre la complejidad del mundo, pero podemos empezar afirmando que es *no lineal*.

Supón que estás pescando anguilas en una charca. Si la primera ha tardado una hora en picar, ¿cuánto tiempo crees que necesitarás para pescar tres más? Pensar en tres horas es razonable. ¿Pero significa eso que, si no te mueves del sitio, en tres días pescarás 72 anguilas? Por supuesto que no. La relación entre el tiempo transcurrido y las anguilas que pescas no es proporcional. La regla te puede servir al principio, pero conforme se reduzca el número de animales en la charca, cada vez serán más difíciles de capturar. Y en algún momento te quedarás sin ninguna en esa parte del río. La relación entre el tiempo de pesca y las anguilas que coges es un ejemplo no lineal de *saturación*.

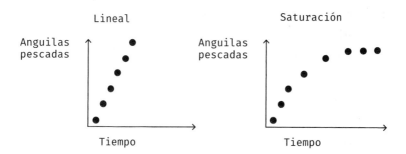

23

Tampoco es lineal la resistencia del embarcadero de madera en el que te imagino pescando, que tiene una *discontinuidad*. La madera puede resistir el peso de una persona sin problema, y lo hará durante años. Pero si nadie sustituye las tablas, acabarán partiéndose por fatiga. La madera puede soportar cierta carga diez mil veces, pero llega un día en que se rompe bajo el peso de esa misma carga.

Nuestro cerebro espera que las cosas sean proporcionales. Es la ley que asume por defecto, y funciona muchas veces: si estamos hinchando globos, una forma de ir el doble de rápido es hacerlo entre dos personas. Decimos que el trabajo de hinchar globos es lineal, es decir, es un fenómeno cuya salida cambia en proporción al cambio de su entrada. Las clases de economía, biología o ingeniería suelen centrarse en estudiar estos sistemas, porque son sencillos y porque tenemos trucos para que sean útiles. Reservamos el estudio de los fenómenos no lineales para cursos avanzados, que imparten los departamentos de sistemas complejos, como si fuesen excepciones. Pero la división es una trampa, como dijo el matemático Stanisław Ulam: «Hablar de ciencia no lineal es como referirse a casi toda la zoología como al estudio de los animales no-elefantes».

Los fenómenos naturales y artificiales que estudiamos son no lineales, discontinuos, a veces incluso caóticos. Los ejemplos son incontables, pero hay una familia de comportamientos que merece especial atención, porque nuestro cerebro los rechaza: los fenómenos exponenciales.

II

A principios de 2021, en Reino Unido se detectó una variante del virus causante de la COVID-19 que se extendía rápidamente, pues la variante Delta era más contagiosa, pero no más letal. El porcentaje de infectados que acababan falleciendo era el mismo que con el virus convencional, y eso parecía tranquilizador. Un mutante más letal es peor que uno más contagioso, ¿no? La intuición sugiere eso, pero lo cierto es que no es así. Para demostrarlo, Adam Kucharski, matemático y epidemiólogo de la Escuela de Higiene y Medicina Tropical de Londres, puso un ejemplo con números sencillos. Supongamos lo siguiente:

- El virus tiene una letalidad por infectado del 0,8 %. Ese es el porcentaje de enfermos que fallecen.
- El virus se propaga de manera que cada infectado pasa la enfermedad a 1,1 personas en 6 días (es decir, con un número reproductivo de 1,1 y un tiempo de generación de 6 días).
- Al principio hay 10.000 infectados.

Con esos números, explicaba Kucharski, es fácil calcular que pasados 30 días el virus habrá provocado 129 muertes.* Esa es la situación de referencia. Ahora supongamos que una mutación del virus eleva su letalidad en un 50 %, hasta alcanzar el 1,2 %. Entonces, las muertes en un mes se elevarían a 193, unas 64 más, esto es, un 50 % más. Nuestra intuición funciona bien en este caso, porque un virus que es más letal en cierta

---

* En 6 días habrá $10.000 \times 1,1 = 11.000$ infectados. En 30 días serán $10.000 \times 1,1 \times 1,1 \times 1,1 \times 1,1 \times 1,1$, es decir, $10.000 \times 1,1^5 = 16.105$ infectados. Fallecerá el 0,8 %, por tanto: 129 muertes.

proporción eleva las muertes en esa misma proporción. Pero ¿qué pasa si, en lugar de un virus más letal, tenemos uno que es un 50% más transmisible? El número reproductivo pasaría de 1,1 a 1,65, lo que multiplicaría los contagios cada semana. En cinco semanas habría casi 1.000 muertes, ¡siete veces más!*

Estos cálculos demuestran lo que decía Kucharski: «Un incremento en algo que crece exponencialmente (la transmisión) puede tener mucho más efecto que el mismo incremento proporcional en algo que solo escala en el resultado (la letalidad)». Lo curioso es que, aunque los cálculos no son supercomplicados, el resultado nos sorprende a la mayoría.

Y esto ocurre así porque las funciones exponenciales nos resultan contraintuitivas.

Nuestra dificultad para pensar en crecimientos geométricos nos empuja a cometer errores en la vida diaria. Es una de las razones por las que no ahorramos lo suficiente. Cuando eres joven y tienes poco dinero, invertir para ganar un 5% más al año te parece poco tentador. Supón que con treinta y cinco años te decides a ahorrar e inviertes 3.000 euros anuales. No es mucho beneficio el primer año (150 euros), ni el segundo (308 euros), ni el tercero (473 euros), pero tus ahorros irán acumulándose de manera exponencial. ¿Cuánto crees que tendrás con sesenta y cinco años? Por entonces habrás invertido 90.000 euros…, pero ese 5% de rentabilidad habrá ido componiéndose en una exponencial y, sumando esos beneficios, ¡habrás acu-

---

* En 6 días habrá $10.000 \times 1,65 = 16.500$ infectados. En 30 días serán $10.000 \times 1,65^5$, es decir, 122.000 infectados. Fallecerá el 0,8%, por tanto: 976 muertes.

mulado 212.000 euros! Aún más, si hubieses empezado a ahorrar con veinticinco años; así, aunque solo habrías acumulado dinero durante un tercio más de tiempo, casi duplicarías tus ahorros: tendrías 383.000 euros.

El peor ejemplo de estos problemas fueron los primeros meses de la pandemia del coronavirus. En febrero y marzo de 2020, los casos comenzaron a aumentar en España, que fue golpeada muy pronto. En esas semanas empecé a cubrir el tema para *El País* y el mensaje más importante que teníamos que trasladar a los lectores era ese: explicar que una pandemia es un fenómeno de naturaleza exponencial, y que existía, por tanto, el peligro de una explosión lenta. Los enfermos de COVID-19 empezaron a aparecer en España con un silencioso goteo. Hubo un par de casos importados, luego unas decenas, luego algunos contagios locales. A principios de marzo se conocían 100 casos, luego 200, 500, 1.000… Esas cifras no eran preocupantes a primera vista: ¿qué importan 1.000 personas en un país de 47 millones? Sin embargo, estaba levantándose una curva exponencial; los contagios se triplicaron en una semana y esa progresión resultaría en números elevadísimos en muy poco tiempo. La constatación la tuvimos por las malas. Los hospitales vieron llegar una oleada de pacientes graves, y en pocos días el Gobierno pasó de recomendar calma a ordenar un confinamiento total. La orden se produjo el 13 de marzo, cuando constaban 132 fallecidos por el virus. Dos meses después, cuando volvimos a las calles, se contaban 46.000 muertes. Eso es lo que pasa con una dinámica de crecimiento exponencial, que cuando ves crecer la curva puede ser demasiado tarde para evitar una explosión.

III

Este capítulo quiere convencerte de que la realidad es compleja, por eso voy a acabarlo con un caso extremo: los sistemas caóticos. Así es como llamamos a los fenómenos impredecibles por naturaleza, los que no podemos anticipar no porque no los entendamos bien, sino porque las leyes que los rigen no sirven para predecir su comportamiento. El ejemplo primigenio se lo debemos a Edward Lorenz, el científico del MIT que en los setenta popularizó la teoría del caos.

En 1961, Lorenz estudiaba métodos para hacer predicciones meteorológicas, que era un campo en ebullición por las posibilidades que habían abierto los primeros ordenadores. El científico estaba comparando diferentes modelos de predicción, haciendo simulaciones con un Royal McBee LGP-30, un ordenador potente entonces pero que ahora sería millones de veces más lento que tu móvil. Eso explica que usase atajos. Un día se propuso repetir una simulación que ya había hecho, pero, en lugar de repetirla toda entera, decidió empezarla por la mitad para ganar tiempo. Usó los números de la primera ejecución como condiciones iniciales para una nueva. Copió los datos de las hojas de papel donde se imprimían los resultados (el McBee no tenía pantalla), lanzó la nueva simulación y se fue a tomar un café. Al volver, se llevó una sorpresa: ¡los resultados que estaban imprimiéndose no tenían nada que ver con los anteriores! ¿Cómo era posible eso? Había ejecutado dos simulaciones deterministas, sin azar, que partían de las mismas condiciones de temperatura y presión, de manera que debían llevar al mismo resultado. Pero el programa predecía un cielo claro en la primera y un huracán en la segunda. La simulación coincidía al principio, pero los valores iban separándose y sus predicciones a dos semanas vista eran completamente distintas. Pensó en un fallo del ordenador, pero entonces cayó en la cuenta de lo que estaba pasando: «Los números que había introducido no eran los originales exactos, sino los números redondeados que aparecían en la copia impresa». La primera simulación pasaba por un 0,506127, pero él había arrancado su réplica en 0,506. Era una diferencia de un 0,1 %. ¿Podía ser ese el problema? Lo era. Los errores de redondeo habían ido amplificándose hasta dominar la solución, de manera que esa pequeña discrepancia en las condiciones de origen desencadenaba una sucesión de eventos en su modelo que acababa por cambiar un cielo claro por un huracán.

Aquel fue el gran descubrimiento de Lorenz. Se dio cuenta de que, si la realidad resulta ser tan sensible como su modelo, predecir el tiempo a largo plazo es imposible. Unos años después capturó la esencia de sus ideas en una charla: «¿El aleteo de las alas de una mariposa en Brasil puede desencadenar un tornado en Texas?». Es el «efecto mariposa» del que quizá has oído hablar.

Hay fenómenos tan complejos que resultan caóticos, impredecibles por definición.

Lo que Lorenz había descubierto es que un fenómeno puede ser impredecible en la práctica aunque sus leyes teóricas se conozcan con exactitud. Él era Dios en el universo de juguete que estaba simulando, que se regía por unas ecuaciones conocidas y deterministas. Pero si quería anticipar el futuro de ese universo no le bastaba con conocer sus leyes, necesitaba además un conocimiento exacto —hasta el cuarto decimal— de las condiciones iniciales para el viento que soplaba en cada ciudad, de la humedad, de la temperatura, y quién sabe qué más, en cada punto del planeta.

De ahí surge una definición estupenda: el caos es lo que ocurre cuando el presente determina el futuro, pero la aproximación del presente no captura aproximadamente el futuro. Por suerte, no todo en el universo se comporta de un modo caótico, y por eso podemos predecir que mañana saldrá el sol y que detendremos el calentamiento global si dejamos de emitir gases de efecto invernadero. Pero saber que hay fenómenos impredecibles por naturaleza es un recordatorio para hacernos humildes: el mundo es un lugar complicado y nuestra capacidad de entenderlo o de cambiarlo es, de momento, bastante limitada.

Entre otras dificultades, y como veremos en los siguientes capítulos, resulta que casi todo lo que ocurre a nuestro alrededor tiene más causas —y más culpables— de lo que nos parece.

Todo tiene muchas causas

Donde viajamos a Ucrania para hacernos una pregunta: ¿qué causo el accidente en Chernóbil? Explicamos que las cosas suelen ocurrir por múltiples motivos, aunque nuestro primer impulso sea pensar solo en uno y echarle la culpa a alguien.

I

Cuando un avión sufre un accidente se discute si es culpa del piloto o de un fallo mecánico, pero la realidad es que los aviones tienen mecanismos de seguridad redundantes, por lo que es muy raro que se produzca un fallo catastrófico por un solo motivo. Es lo mismo que podemos decir de otro infame accidente, el de la central nuclear de Chernóbil, en 1986. ¿Qué causó aquel desastre? Después de años de investigaciones, hoy se acepta que hubo una secuencia de errores en cascada.

El accidente se produjo durante una prueba de seguridad que consistía en simular un corte eléctrico. Hubo problemas desde antes de empezar. Lo primero que tenían que hacer los operadores de la central era reducir la potencia del reactor a 700 megavatios, pero algo ocurrió mientras lo hacían y esta cayó de forma inesperada hasta casi a cero (primer problema). Para tratar de elevarla, desactivaron varios sistemas automáticos de control y extrajeron la mayoría de las barras del reactor, que se insertan en él para frenar la fisión. Dejaron el reactor en condiciones «potencialmente inestables», según la investigación posterior, con poco margen para enfriarlo en caso de emergencia (segundo problema). Además, aunque la potencia solo había subido hasta 200 megavatios y estaba lejos del nivel prescrito para la prueba, los operadores decidieron seguir adelante con ella (tercer problema).

Cuarenta segundos después, a la 1.23 de la mañana, se produjo la acción detonante del accidente: alguien pulsó el botón AZ-5, la parada de emergencia manual. No está claro quién lo hizo ni por qué. Esto debía sumergir todas las barras de control en el reactor y apagarlo. Por desgracia, un defecto en el diseño de la planta provocó el efecto contrario (cuarto problema). Las barras estaban hechas en su mayor parte de boro, un material que absorbe neutrones y que frena la fisión cuando estas se introducen en el reactor. Pero la cabeza inferior de las barras era de grafito —que no absorbe neutrones— y, al penetrar en el reactor, desplazaron agua —que sí lo hace—, de manera que al principio se produjo un incremento de reactividad. La parada de emergencia tenía como propósito apagar el reactor, pero antes, durante unos instantes, el mecanismo elevaba la potencia del núcleo. Ese comportamiento no estaba descrito en los manuales (quinto problema).

Lo que pasó cuando las barras penetraron en el reactor fue que se desencadenó un pico de potencia que las rompió, dejándolas bloqueadas a mitad de camino, con el grafito dentro del reactor. La potencia se elevó a 520 megavatios en tres segundos y luego se disparó hasta los 30.000 megavatios, diez veces el nivel de operación de la central. Fue la última lectura del panel de mando, que dejó de funcionar. Lo que pasó después lo sabemos por simulaciones: «Una gran cantidad de energía se liberó de golpe, vaporizando el agua refrigerante y rompiendo el núcleo del reactor en una explosión de vapor altamente destructiva», resume Wikipedia. Hubo dos explosiones que liberaron «grandes cantidades de radioactividad». Se eyectaron materiales del núcleo fuera del edificio, que siguieron ardiendo a cielo abierto y liberaron radiación durante nueve días.

Tras años de investigaciones, hoy el accidente se atribuye a una coincidencia de varios fallos. Ese fue el veredicto del informe final del Organismo Internacional de Energía Atómica: «[El accidente] fue el resultado de la concurrencia de los siguientes factores principales: ciertas características físicas del reactor; ciertas propiedades del diseño de sus elementos de control; y el hecho de que el reactor fuese llevado a un estado no especificado por los procedimientos ni investigado por un cuerpo de seguridad independiente». Los detalles del informe son interesantes, pero el resumen es este: el accidente fue el resultado de una sucesión de errores. La causa principal fue un reactor mal diseñado, pero a eso se sumó el hecho de que los operadores actuaron de manera temeraria. Y es más complicado aún, porque ¿en qué medida podemos culpar a los técnicos por falta de formación y no a los responsables de prepararlos? No es solo que las cosas ocurran por muchos motivos, además sucede que esos motivos tienen sus propios motivos. El informe acababa cuestionando toda la operación nuclear de la Unión Soviética: «[el] accidente deriva de una deficiente cultura de la seguridad, no solo en la planta de Chernóbil, sino en todas las organizaciones soviéticas».

Lo que nos recuerda Chernóbil es que debemos evitar el reduccionismo causal. La mayoría de fenómenos tienen múltiples causas.

II

Plantéate qué te hace feliz, por ejemplo. Los datos dicen que la gente con más dinero se declara más satisfecha con su vida, pero es obvio que la felicidad depende de más cosas: importan la salud, los seres queridos o sentirte realizado, pero también influirá tu temperamento o la química que gobierna tu organismo. Hay gente feliz con mala salud. ¿Significa eso que la salud no importa? Claro que no. Es imposible encontrar la clave de la felicidad, sencillamente porque no existe una única causa.

Pongamos otro debate popular que ha entretenido a los científicos desde hace décadas: ¿qué factores explican el éxito en los estudios de un niño o una niña?

Un candidato es el dinero de su familia. Tus circunstancias económicas no determinan tu destino, pero es evidente que el dinero ayuda. Hay datos aplastantes que lo corroboran: en España, abandonar la escuela es cuatro veces más común para los hijos de familias pobres que para los de familias ricas. Los primeros tienen seis veces más probabilidad de repetir curso, ¡incluso si sacan las mismas notas en pruebas objetivas! Es fácil ver las ventajas que el dinero da a los hijos de hogares con más recursos: sus padres les comprarán más libros, los enviarán a mejores escuelas, tendrán tiempo para los deberes o los apuntarán a extraescolares.

De acuerdo, los hijos de familias pobres nacen en desventaja. Pero ¿cuánto importa el dinero en total a la hora de gozar de éxito académico? La sorpresa es que no tanto. Según algunos estudios realizados en Estados Unidos, la renta familiar solo explica un 10% o 15% de la probabilidad que tiene un niño o una niña de conseguir un título universitario. Si todos los estadounidenses fuesen igual de ricos (o si lográsemos que el dinero no diese ninguna ventaja, con becas ideales y mejores escuelas públicas, por ejemplo), el acceso a la universidad seguiría siendo muy desigual. No es que la renta no sea un factor clave en la educación —¡lo es!, ¡quizá el más importante de todos!—, lo que pasa es hay muchos otros factores que también influyen.

Uno de ellos son tus genes. La psicóloga y genetista Kathryn Paige lo explica en su libro *The Genetic Lottery*: los genes que te tocaron al nacer influyen en ti de muchas maneras. Por ejemplo, hacen que te vaya mejor o peor en la escuela. No obstante, tu genética puede explicar quizá un 10% de la varianza entre los resultados académicos de las personas de un país occidental. Es una cantidad parecida a lo que explica la renta. Pero ¿es poco o es mucho? Para discutir eso, Paige usa un gráfico hipotético para representar una correlación que explica esa cantidad de varianza. Cada persona es un punto, cuya posición en el eje vertical representa su éxito académico. El eje horizontal representa un índice poligénico, que es una especie de puntuación, según tengas pocas o muchas de las variantes genéticas que se han asociado con un resultado en particular; en este caso, con que te vaya bien en los estudios. Lo que dice el gráfico es que nacer con ciertas variantes genéticas aumenta la probabilidad de tener éxito académico. Por eso Paige habla de lotería: igual que hay personas que nacen con ventaja porque sus padres son ricos, otras poseen la ventaja que supone una combinación de genes concreta. Tener cierto temperamento, quizá ser introvertido y no un niño hiperactivo, por ejemplo, puede serte útil en los estudios, al menos en una sociedad como la nuestra, con cierta cultura, ciertas escuelas, ciertos métodos pedagógicos, etcétera.

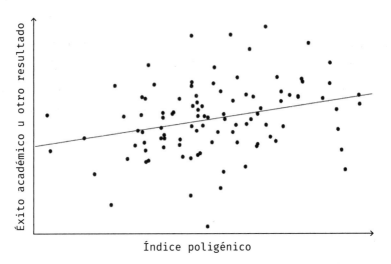

Índice poligénico hipotético que recoge el 10% de la varianza en un resultado durante el transcurso de la vida de las personas (que podría ser su éxito académico su renta de adulto, u otra cosa).

Pero lo importante del gráfico es darse cuenta de que hay un montón de variabilidad que no se explica por tus genes. Hay muchísimo ruido, por lo que dos personas con la misma genética pueden abandonar la escuela o sacarse un doctorado. No estamos determinados por nuestra herencia, ni económica ni genética, porque una miríada de otros factores también influye en nuestra vida. Importarán nuestro barrio, el colegio al que fuimos, cómo eran nuestros hermanos, la insistencia de nuestra abuela, lo sana que fue nuestra infancia, lo buena que era la maestra de preescolar, y, como veremos en otro capítulo, hasta el hecho de haber nacido en enero y no en diciembre.

Como pasó con el accidente de Chernóbil, que nos vaya mejor en los estudios no tiene una causa, ni dos, ni tres. Y este es un patrón general. Los efectos de un factor concreto suelen ser pequeños, especialmente cuando hablamos de fenómenos sociales. Una razón es que los humanos somos muy diferentes unos de otros; ¡hay mucha variabilidad que explicar! Otra razón, como apunta Kathryn Paige, es que las personas tenemos vidas «causalmente complejas», que dependen de muchas circunstancias. No es realista pensar que un solo factor puede explicar más que una fracción de nuestras diferencias. Y la complejidad no acaba aquí. Porque no es solo que las cosas tengan múltiples causas, es que además esas causas interactúan entre sí.

III

Hay causas que se suman, como cuando comes muchos dulces y además no haces ejercicio: engordas más. Otras son sinergias y se multiplican, como una pareja de guionistas que se hacen mejores el uno al otro. Además, la importancia de un factor puede cambiar en función del contexto: tu tiempo de reacción será irrelevante cuando juegues a fútbol en el colegio, pero se volverá significativo si quieres ser el mejor del mundo.

Lo que llamamos causas, los factores que aumentan la probabilidad de que ocurra algo, no solo pueden ser muchas, sino que además interactúan de formas complicadas.

Podemos seguir con el ejemplo de genes y entorno. Es un tema fascinante que algunos vuelven aburrido cuando buscan una respuesta absoluta. Como vimos cuando hablamos de la educación recibida, la realidad es que ni nos determina la herencia genética ni nos moldean solo las circunstancias en que nacemos y crecemos. Esto es evidente si pensamos en casos extremos. Si naces solo en el espacio, sin nadie que te enseñe, sin estímulos y mal alimentado, dará igual tu ADN, porque en ese ambiente no puedes crecer. Pero también es obvio que la naturaleza importa, porque no puedes llevar una gamba al instituto y esperar que aprenda integrales.

El debate empieza cuando pensamos en qué grado importa cada factor. Pongamos que nos interesa saber cuál influye más en que seas introvertido: ¿depende en un 30% de tus genes y en un 70% del entorno? ¿O es al revés? Los investigadores hacen este tipo de cálculos, que pueden ser útiles a veces, pero sin olvidar que son una simplificación: no son cantidades fijas. El peso que tienen tus genes y tu entorno sobre una característica tuya (tu carácter, tu éxito en la escuela o tu tendencia a engordar) es una cantidad que cambia según las circunstancias. En los casos extremos vuelve a ser evidente. Si naces en el espacio exterior, tu genética tendrá influencia cero en tu destino, que en este caso estará decidido por tu ambiente: no puedes vivir en el vacío. La influencia de los genes y el entorno es una *interacción*; son dos causas que dependen una de otra.

Por ejemplo, se ha observado que la heredabilidad de las capacidades cognitivas de un niño es menor cuando nace en un hogar pobre que cuando lo hace en uno rico. Tener ciertas variantes genéticas todavía le ayudará a obtener mejores resultados en algunos test de inteligencia, pero esa ventaja se debilita si el niño vive en un hogar con carencias, porque lo que limitará su desarrollo será la falta de oportunidades, tener padres estresados, una peor dieta, menos libros o peores maestros. La lotería genética se nota más entre dos hermanos de un hogar próspero, porque en ese ambiente florecerá con más fuerza cualquier talento arbitrario con el que haya nacido uno de los dos.

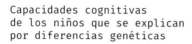

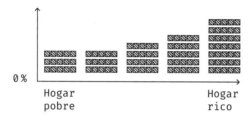

También se ha observado que la influencia de los genes sobre el éxito académico es mayor en países como Dinamarca que en Estados Unidos o Alemania. ¿El motivo? Los segundos tienen una menor movilidad social; es decir, allí tu vida de adulto depende en mayor medida de la clase social de tus padres. En esas sociedades más estáticas, donde la educación de los hijos es una reproducción de la de los padres, con menos ascensos y descensos, la lotería genética tiene una influencia menor. Que se te den bien las mates no importa tanto como que tus padres sepan a qué escuela debes ir. En Dinamarca, en cambio, las oportuni-

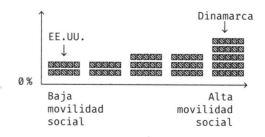

dades están más repartidas, el campo de juego está más nivelado, y por eso los genes influyen más.

Aquí tenemos los dos mensajes de este capítulo: cuando piensas en las causas de lo que sea, debes aceptar que es probable que haya muchas y que seguramente interactúan unas con otras. Las interacciones tienen un poder que pasa desapercibido, pero, como veremos ahora, lo que prende un pensamiento no son tus neuronas, sino la madeja de sus conexiones.

De lo simple emerge lo complejo

*Donde hablamos del vuelo hipnótico de una bandada de estor-
ninos para explicar que algunas cosas ocurren por la interacción
compleja de muchas aves.*

I

A principios del siglo XXI se secuenció por primera vez un genoma humano, lo que produjo un gran entusiasmo: íbamos a
conocer las piezas que definen la biología de cada uno de nosotros, lo que vendría a ser una especie de manual de instruccio-
nes. ¿Cuántas enfermedades hereditarias se podrían tratar? En-
contraríamos el gen responsable de la diabetes, el que nos hace
engordar o el que nos predispone al trastorno bipolar. ¿No estábamos a las puertas de una revolución? Nos venían a la mente
escenas de ciencia ficción, como la película de 1997 *Gattaca*,
donde los niños se editaban antes de nacer. Si pudiéramos saber
qué gen nos hace propensos a sufrir del corazón, ¿querríamos
evitarlo?

Pero esos dilemas se pospusieron. Han pasado veinte años
desde entonces y la revolución todavía no se ha producido. El
genoma resultó ser un mapa no tan sencillo como pensábamos.
Hemos descubierto que no existe un gen de la diabetes, ni de la
miopía, ni de ser bajito. No hay un gen de casi nada. Las pistas

llegaron pronto: al obtener las primeras secuencias humanas nos sorprendió que hubiese tan pocos genes: hoy se estima que son unos 20.000, no se sabe con exactitud, pero son pocos en cualquier caso. No es posible codificar todo lo que nos define con solo 20.000 características. No son suficientes para que haya un gen que defina cada característica de tu pelo —su color, que sea liso, que crezca rápido o que acabe encaneciendo—. No digamos ya de genes que nos hagan ser solitarios, trabajadores, irascibles o amigos de los animales. Son demasiadas cosas. Los científicos descubrieron que nuestra naturaleza no se define por una sucesión de genes, como atributos que se apilan unos sobre otros. No hay un gen para cada característica, sino que cada una de ellas emerge como el resultado de la interacción compleja de decenas o incluso cientos de variantes genéticas.

Somos seres emergentes. No somos una suma de partes, cada una con su función, sino algo que se destila como un caldo. No hay una pieza que te haga ser introvertido; eres así por cómo interaccionan muchos de tus genes, y los mismos que te hacen ser una persona tímida contribuirán a otras cosas, como que te guste leer o que no sufras de estrés. La relación entre genoma y características individuales es un ejemplo de una forma de complejidad que nos desconcierta.

Hay fenómenos emergentes, es decir, que son el resultado complejo de las interacciones de partes simples.

Muchas entidades exhiben propiedades que sus partes no tienen, comportamientos que solo *emergen* cuando esas partes interactúan formando un conjunto. Estos sistemas no pueden explicarse observando sus piezas por separado, sino que se definen entonces por sus interacciones. Trascienden la suma de sus partes, como pasa con el cuerpo humano, con los vídeos virales, con los atascos, con ciertos mercados o con el clima de la Tierra.

Una idea clave de la ciencia del siglo XX fue descubrir que en biología casi todo es emergente. Los ecosistemas resultaron ser equilibrios entre montones de plantas y animales, que se comen unos a otros con cierta frecuencia y así mantienen sus números en ondas constantes. El clima es un equilibrio entre emisiones de gases, corrientes oceánicas, movimientos tectónicos y temperaturas polares. O piensa, por ejemplo, en las bandadas de pájaros. Quizá hayas visto esas imágenes de miles de aves que parecen flotar en el cielo y se desplazan coordinadas, como si fuesen una bestia gigantesca. Hay algo asombroso en sus movimientos acompasados.

Una bandada de estorninos volando sobre un campo cerca de Kiryat Gat, al sur de Israel. (Reuters, © Amir Cohen)

¿Cómo sabe cada pájaro dónde tiene que colocarse? ¿Y quién decide adónde va la bandada? No hay un pájaro al mando, ni nadie que les haya enseñado a todos los demás a mantener la formación. ¿Cómo lo hacen entonces? El vuelo de una bandada de pájaros es un comportamiento emergente. Cada individuo sigue unas reglas sencillas, de las que resulta un vuelo que se coordina automáticamente. Las simulaciones por ordenador han demostrado que bastan tres reglas para reproducir el vuelo de una bandada:

1. Separación: no te amontones con tus vecinos.
2. Alineamiento: dirígete en la misma dirección que tus vecinos.
3. Cohesión: no te alejes de la posición de tus vecinos.

Si sueltas unos pájaros virtuales programados para seguir esas tres reglas —como si fuesen una suerte de instinto—, los encontrarás volando en grupos, indistinguibles de las bandadas reales. Las aves son los agentes y su vuelo en grupo es un comportamiento emergente. Son fenómenos sujetos a la paradoja de la simplicidad. ¿Puede salir algo complicado de agentes muy sencillos? Desde luego que puede. Otra prueba es el pensamiento que asalta tu mente ahora, lo que sea que esté en tu cabeza. Tu cerebro es capaz de alumbrar tus pensamientos usando millones de neuronas, cada una bastante sencilla, pero que se conectan formando un gigantesco entramado del que salen palabras, canciones y piruetas.

Tu mente es un caso extremo, pero los fenómenos emergentes son en realidad comunes. Además, son imprescindibles para entender cómo funciona multitud de fenómenos mundanos, como una moda o una crisis de deuda.

II

Los fenómenos sociales son emergentes. Las personas somos agentes que interactuamos en grupo para organizar crisis, redes sociales o mercados. Son cosas que ocurren aunque nadie lo haya decidido. Es otra característica clave de este tipo de realidades: ¿quién es el responsable cuando no hay nadie tomando grandes decisiones, sino miles de individuos que hacen pequeñas elecciones? Son preguntas clásicas. ¿Quién determina los precios en un mercado perfecto? Nadie. O todos. Piensa, por ejemplo, en el precio de este libro. Podemos decir que lo decidió la editorial, pero si has vendido un coche alguna vez, sabes que no es exactamente así: ¡fueron los compradores los que te impidieron vender más caro! En un mercado perfecto nadie fija los precios, sino que se deciden entre montones de compradores y vendedores que van cerrando transacciones. Por supuesto, sabemos que hay pocos mercados perfectos, pero lo que quiero subrayar es que existen *equilibrios*, como el precio de los libros, que se alcanzan sin que nadie los decida de antemano.

Muchos fenómenos humanos ocurren así. Una parte de la realidad es el resultado del comportamiento de un montón de gente que no ha planificado aquello, sino que actúa de cierta manera porque le conviene, por un impulso o por inercia. Nuestra respuesta instintiva es buscar una causa clara, única y rotunda para todo. Si algo es un problema, será culpa de alguien. Pero hay problemas que no son culpa de nadie.

Existen sucesos que no tienen un culpable; son el resultado de interacciones casuales, ingenuas o egoístas.

Si quieres entender el mundo, tienes que estar preparado para aceptar que existen estos fenómenos. A veces, lo que hay detrás de ellos son intereses egoístas. ¿Por qué triunfan empresas que pagan lo mínimo a sus trabajadores? Porque son más baratas y muchos clientes las elegimos sin pensarlo. Otras veces son daños colaterales, como pasa con el desigual mercado de ligar. Nadie conspira para que algunas personas nos resulten más atractivas, es algo que vemos desde el colegio. Los datos de las apps de citas lo demuestran: los hombres más atractivos reciben diez veces más mensajes que los menos atractivos, y las mujeres más atractivas reciben hasta veinticinco veces más mensajes. Hay perfiles con mucho más éxito: un 5% de las mujeres recibe el 30% de los *likes*; y un 5% de los hombres recibe el 40%. En el otro extremo, la mitad de los hombres con menos éxito se pelea por el 4% de los *likes*. Nadie quiere que haya gente incapaz de conseguir una cita, pero es algo que decidimos entre todos deslizando un dedo por la pantalla del móvil.

Otro tipo de resultado emergente es lo que los economistas llaman «externalidades»: imprevistos que ocurren como consecuencia de las acciones de otros. Algunas son positivas, como cuando un vecino pinta su casa y alegra la calle entera, pero muchas son negativas, como pasa con el cambio climático. Trastocar la atmósfera no es algo que nadie se plantease; tiene responsables, pero no ha sido una conspiración. No hubo una reunión de villanos que lo organizó, sino gente que tomó decisiones por necesidad, por inconsciencia o por falta de escrúpulos. Millones de personas querían mejoras razonables, como agua caliente, luz eléctrica y ropa de abrigo, que luego han resultado tener una factura oculta en forma de emisiones de CO_2. A muchos también nos gustan otras comodidades menos imprescindibles, como ir en coche, comer carne o hacer turismo en avión.

Y luego hay un puñado de personas que van mucho más lejos, que tienen jets privados o un campo de golf.

Pero ¿cómo repartimos la responsabilidad entre tanta gente distinta? Nuestros gobernantes podrían hacer más por cuidar el medioambiente, pero ellos dirán que la culpa es de los votantes, que no estamos dispuestos a pagar las consecuencias. Habrá gerentes de empresas contaminantes a los que el planeta les traiga sin cuidado; otros estarán preocupados, pero tendrán miedo: ¿y si sus clientes se van a la competencia al subir los precios? Quizá a ti te pasa como a mí: soy consciente del problema, pero lo mayoría de días se me pasan pensando en otros asuntos. Sigo comprando productos baratos y comiendo demasiada carne. Con tanta gente involucrada, es fácil encogerse de hombros. Y aunque algunas personas tendrán más responsabilidad en el asunto, nadie se sentirá como el gran culpable de que el mundo siga ardiendo.

Algunas cosas se causan a sí mismas

Donde contamos que hay fenómenos que se alimentan solos, cómo el éxito. También explicamos por qué hay el doble de futbolistas nacidos en enero que en diciembre.

I

En los últimos años, hemos visto surgir a las estrellas de YouTube o Twitch. Muchos eran jóvenes que jugaban a videojuegos y hablaban delante de una cámara sobre *Fortnite* o cualquier otra cosa, y que en poco tiempo consiguieron unas audiencias millonarias. Son todo lo contrario a un éxito prefabricado: eran aficionados que empezaron algo nuevo, sin recetas ya probadas, ensayando sobre la marcha. ¿Qué se hace mientras se retransmite un videojuego? ¿Cuál es el tono que aprecia la juventud cuando se pone vídeos en el móvil? No hay duda de que los primeros con éxito en YouTube, TikTok o Twitch, como El Rubius, Ter o Ibai Llanos, son talentosos, grandes comunicadores, listos y divertidos. No es casual que destacaran entre miles que intentaban lo mismo. Pero muchas de esas estrellas tienen otra característica en común: llegaron pronto. Empezaron cuando había poca competencia y ocuparon el espacio que ahora defienden. Es una dinámica que podemos ver en muchos ámbitos; por eso decimos que el éxito se alimenta a sí mismo, porque ser pionero te da ventaja.

Este es un ejemplo de que algunas cosas se causan a sí mismas: se retroalimentan.

En mi carrera como periodista me aproveché de esto mismo. Empecé a escribir en internet allá por 2006, cuando apenas había redes sociales y los blogs, páginas web donde alguien publica por afición, estaban en su apogeo. Había frikis buscando cosas curiosas en la red, aficionados a la ciencia que hacían divulgación y académicos que escribían en abundancia para cualquiera que quisiera leer. Fue el cámbrico de la escritura en internet, unos años donde se probó de todo: había blogs sobre el espacio, de humor, tecnología, datos, libros... e incluso otros que lo mezclaban todo. Descubrimos que había lectores para textos diferentes a los que uno podía encontrar en las revistas y los periódicos. Yo era un ingeniero de veinticuatro años que estaba haciendo la tesis y que escribía con un tono cercano sobre temas del día a día, citando textos científicos y usando datos. Copiaba lo que veía en blogs estadounidenses. En 2010, montamos una web más grande, *Politikon*, con un grupo de amigos que tenían otros blogs, y resultó que lo que hacíamos interesaba. Fuimos creciendo hasta tener más atención de la que nunca pensamos. Años después, tras diversas carambolas, varios de estos amigos hemos acabado como columnistas en periódicos o haciendo análisis en la tele. ¿Por qué nos fue bien? Lo que hacíamos no era profesional y en muchos sentidos era pobre. Pero es fácil apreciar que teníamos algunas ventajas frente a los grandes medios y los comentaristas de entonces. Para empezar, éramos jóvenes, que ya era una ventaja de por sí. Además, podíamos adaptarnos a internet sin miedo y escribir como nos diese la gana, usando el tono que fuese, enlazando artículos en inglés, con tacos o tecnicismos, o poniendo gráficos feos pero útiles, porque no debíamos limitarnos por restricciones del negocio o la tradición. Esas ventajas las tiene hoy cualquiera que escriba en internet, pero nosotros tuvimos otra: estábamos allí antes.

Para cuando fue llegando más gente, ya habíamos ocupado cierto espacio. Empezamos el blog sin pretensiones, pero su éxito era como una zanahoria que nos empujaba a prepararnos mejor los temas. Si te lee más gente, tienes más incentivos para escribir cada semana, aunque un día no te apetezca. Te documentas mejor, pones más cuidado en redactar bien, aprendes a titular o lees sobre cómo hacer mejores gráficos. Te esfuerzas con motivos. Llega un día en que esto acaba dando bastante trabajo, aunque siga siendo una afición. Es un círculo virtuoso: te leen más y lo haces mejor; y, como lo haces mejor, te leen más. Pero esa misma dinámica de retroalimentación juega en contra de toda la gente que llegó después. Para quitarte lectores tienen que hacerlo mejor que tú, y eso ahora exige bastante trabajo, más de lo que te exigió a ti al principio, eso seguro. Pienso en esto muchas veces, cuando imagino a mi yo del pasado tratando de competir con mi yo de ahora. Aunque somos la misma persona, ¡lo que escribía en 2006 no podría competir con mi trabajo actual! Hago las cosas mejor, porque me colé por una ventana de oportunidad que fue temporal, y luego me he aprovechado de una retroalimentación positiva.

Estos fenómenos explican muchas cosas. Algunos son sorprendentes, como el hecho de que los niños nacidos en enero tengan el doble de probabilidades de ser futbolistas que los niños nacidos en diciembre. ¿Sabes por qué ocurre eso?

II

Mientras escribía esto, he ido a buscar la fecha de nacimiento de los veintinueve jugadores del Real Madrid en la temporada 2020-2021: hay siete nacidos en enero y solo dos en diciembre. Se cuentan doce jugadores (41 %) que nacieron entre enero y marzo, pero solo tres (10 %) que lo hicieron entre octubre y diciembre. Pasa algo parecido en la Real Sociedad o en el Atlético, y no es una coincidencia, sino un patrón que se repite todos los años. Lo puedes comprobar en el siguiente gráfico, que muestra el porcentaje de jugadores españoles en primera división, segunda o en una gran liga europea en la temporada 2020-2021, según el mes en el que nacieron:

Mes	%	
Enero	13 %	▨▨▨▨▨▨▨▨▨▨▨▨▨
Febrero	11 %	▨▨▨▨▨▨▨▨▨▨▨
Marzo	11 %	▨▨▨▨▨▨▨▨▨▨▨
Abril	10 %	▨▨▨▨▨▨▨▨▨▨
Mayo	10 %	▨▨▨▨▨▨▨▨▨▨
Junio	8 %	▨▨▨▨▨▨▨▨
Julio	8 %	▨▨▨▨▨▨▨▨
Agosto	7 %	▨▨▨▨▨▨▨
Septiembre	7 %	▨▨▨▨▨▨▨
Octubre	6 %	▨▨▨▨▨▨
Noviembre	5 %	▨▨▨▨▨
Diciembre	6 %	▨▨▨▨▨▨

Fuente: Driblab

Hay el doble de jugadores nacidos en enero (13 %) que en diciembre (6 %), aunque vienen al mundo más o menos los mismos niños a lo largo del año. Es decir, nacer en diciembre en lugar de en enero reduce a la mitad tus opciones de ser futbolista. ¿Cómo es eso posible? No hay ninguna explicación biológica, porque el calendario es una convención. Los niños de diciembre y de enero son básicamente iguales al nacer. Pero entonces ¿por qué es más probable que los de enero jueguen la Liga de Campeones? Cuando uno lo piensa, no es tan difícil de caer en la cuenta: lo que importa no es el horóscopo ni ningún otro misticismo, la clave es lo que te pasa cuando eres pequeño. Y la explicación es la retroalimentación.

Es una cascada social. Los niños y las niñas de enero son los mayores de su clase, que es algo que se nota a esas edades. Si tienes siete años en lugar de seis, eres un 15 % más mayor que tus compañeros, más alto, más fuerte, más hábil y más espabilado. Es probable que seas de los mejores con el balón, jugarás más partidos de titular y tus entrenadores te prestarán más atención. Hasta tus padres actuarán de otra manera: viendo que se te da bien el fútbol, igual deciden llevarte a jugar a un club, o simplemente celebran tus goles y te animan a practicar. La ventaja biológica de ser mayor irá perdiendo importancia con los años, pero para entonces habrá desencadenado una cascada de efectos, y efectos de efectos, que se notarán para siempre. Por eso hay más deportistas nacidos en enero. Es un patrón universal, como conté en un artículo de *El País*, que encontré con jugadores franceses, alemanes o italianos.

Este fenómeno se conoce como «efecto cumpleaños», y es relevante porque no ocurre solo con el deporte. Nacer en ciertos meses te ayuda también en el colegio, por ejemplo. La lógica es exactamente la misma: si eres de los mayores de tu clase con seis años, es más fácil que seas de los mejores en lectura o en matemáticas. Se te dará mejor el colegio y esa ventaja inicial se retroalimentará, ya que tus maestros, tus compañeros y tu familia te empujarán a seguir siendo buen estudiante. Una investigación en Cataluña observó que los niños de catorce años que consiguen llegar al bachillerato son el 50 % de los nacidos en enero y solo el 44 % de los nacidos en octubre, noviembre o diciembre. Se ha constatado que los nacidos a final de año repiten más veces de curso (casi el doble, según datos del País Vasco), que las niñas de enero sacan mejores notas en selectividad, y que los pequeños de la clase tienen más dificultades para acceder a la Universidad de Oxford. Además, otros estudios han encontrado que van menos a la universidad, que es menos probable que sean diputados o que acaben liderando una gran empresa.

Para encontrar casos del efecto cumpleaños analicé la fecha de nacimiento de miles de personas que salen en Wikipedia. Por ejemplo, miré la fecha de nacimiento de los 2.500 diputados españoles que aparecen, todos nacidos después de 1960: hay más de principios de año. El 26 % nació en el primer trimestre, pero solo un 23 % lo hizo de noviembre a diciembre. El efecto se observa también en los escritores españoles, aunque sobre todo en las escritoras:

```
Escritoras

Trim. 1    28% | ▨▨▨▨▨▨▨▨▨▨ ▨▨▨▨▨▨▨▨▨▨ ▨▨▨▨▨▨▨▨
Trim. 2    27% | ▨▨▨▨▨▨▨▨▨▨ ▨▨▨▨▨▨▨▨▨▨ ▨▨▨▨▨▨▨
Trim. 3    24% | ▨▨▨▨▨▨▨▨▨▨ ▨▨▨▨▨▨▨▨▨▨ ▨▨▨▨
Trim. 4    22% | ▨▨▨▨▨▨▨▨▨▨ ▨▨▨▨▨▨▨▨▨▨ ▨▨

Escritores

Trim. 1    27% | ▨▨▨▨▨▨▨▨▨▨ ▨▨▨▨▨▨▨▨▨▨ ▨▨▨▨▨▨▨
Trim. 2    26% | ▨▨▨▨▨▨▨▨▨▨ ▨▨▨▨▨▨▨▨▨▨ ▨▨▨▨▨▨
Trim. 3    22% | ▨▨▨▨▨▨▨▨▨▨ ▨▨▨▨▨▨▨▨▨▨ ▨▨
Trim. 4    25% | ▨▨▨▨▨▨▨▨▨▨ ▨▨▨▨▨▨▨▨▨▨ ▨▨▨▨▨
```

Este es el trimestre de nacimiento de los ajedrecistas de todo el mundo que son tan buenos como para salir en Wikipedia:

```
Ajedrecistas mujeres

Trim. 1    30% | ▨▨▨▨▨▨▨▨▨▨ ▨▨▨▨▨▨▨▨▨▨ ▨▨▨▨▨▨▨▨▨▨
Trim. 2    26% | ▨▨▨▨▨▨▨▨▨▨ ▨▨▨▨▨▨▨▨▨▨ ▨▨▨▨▨▨
Trim. 3    23% | ▨▨▨▨▨▨▨▨▨▨ ▨▨▨▨▨▨▨▨▨▨ ▨▨▨
Trim. 4    21% | ▨▨▨▨▨▨▨▨▨▨ ▨▨▨▨▨▨▨▨▨▨ ▨

Ajedrecistas hombres

Trim. 1    27% | ▨▨▨▨▨▨▨▨▨▨ ▨▨▨▨▨▨▨▨▨▨ ▨▨▨▨▨▨▨
Trim. 2    27% | ▨▨▨▨▨▨▨▨▨▨ ▨▨▨▨▨▨▨▨▨▨ ▨▨▨▨▨▨▨
Trim. 3    24% | ▨▨▨▨▨▨▨▨▨▨ ▨▨▨▨▨▨▨▨▨▨ ▨▨▨▨
Trim. 4    22% | ▨▨▨▨▨▨▨▨▨▨ ▨▨▨▨▨▨▨▨▨▨ ▨▨
```

Estos efectos en cascada son comunes, aunque nos pasen desapercibidos. Cuando pensamos en el ajedrecista Magnus Carlsen o en la tenista Serena Williams, asumimos que tuvieron éxito por razones simples; pensamos que son talentos especiales, que los empujó un padre tiránico o que lograron triunfar por su enorme sacrificio. Y es probable que todo eso sea verdad, o al menos en parte, pero en sus respectivas vidas habrán contribuido mil detalles que les ocurrieron pronto, como haber nacido en enero, tener un hermano mayor que los estimuló, o haber tenido una maestra brillante en la escuela. Hay sucesos que se retroalimentan y pueden acabar teniendo consecuencias extraordinarias. Son un tipo especial de causas que prenden como un incendio forestal. Te abriste un canal de YouTube antes que nadie y una cascada de acontecimientos se encargó del resto. Sin este tipo de fenómenos, el azar importaría menos en la vida, porque la buena y la mala suerte se irían anulando entre sí. Pero el mundo no funciona de este modo. Encadenar tres golpes de buena fortuna puede explicar toda tu carrera. ¿Cuánto en tu vida es el resultado de unos lazos de retroalimentación en los que nunca piensas?

III

Las retroalimentaciones positivas como las que acabamos de ver son agentes del caos. Producen inestabilidad: hacen que una epidemia crezca exponencialmente o que un niño acabe jugando un mundial de fútbol y otro (casi igual) no pase de jugar en el recreo. Pero hay sistemas que funcionan al revés:

Existen situaciones que se estabilizan por sí solas, por un efecto de *retroalimentación negativa*.

Piensa en tu aire acondicionado. Para mantener la habitación a 26 grados, necesitas dos aparatos, un sensor y un actuador. El primero mide la temperatura en tiempo real y el segundo se encarga de enfriar el aire si esa lectura dice que es necesario. Pero, además, hace falta un elemento lógico, un algoritmo controlador que tome las decisiones. En el caso del aire acondicionado, es muy rudimentario, sobre todo en los aparatos antiguos; verás que este se enciende y se apaga continuamente, porque su lógica es una simple condición: «si la temperatura sube de 27 grados, el actuador expulsará aire frío; cuando la temperatura baje de 25 grados, el actuador se apagará». Es un control por retroalimentación negativa, es decir, cuando observa un cambio en un sentido actúa sobre el sistema para moverlo en el sentido contrario, de manera que se mantiene (más o menos) regulada la temperatura de la habitación.

Estos lazos de control son omnipresentes en ingeniería. De hecho, en el escudo de muchas escuelas de ingeniería industrial españolas aparece representado un regulador centrífugo, también conocido como péndulo de Watt por su inventor, que es un dispositivo emblemático de la Revolución Industrial que servía para mantener constante la velocidad de un motor de vapor. Muchos problemas técnicos consisten en mantener estables ciertas variables, o en gobernarlas para llevarlas al valor deseado, como queremos que pase con la dirección de una aeronave, con la energía de una central nuclear o con la velocidad de un molino eólico.

También se autorregulan muchos fenómenos sociales. Puedes pensar en un local de copas que tenga éxito: si está siempre lleno, acabará por subir los precios; pero si los sube demasiado, perderá clientes y acabará por volver a bajarlos. Donde haya un equilibrio, lo normal es que haya una retroalimentación negativa. Por eso los seres vivos somos otra fuente de ejemplos: los mamíferos funcionamos gracias a un montón de lazos de control, como los que regulan tu pH, tu temperatura corporal, tu apetito, los ácidos en tu hígado o el nivel de azúcar en tu sangre.

La vida en la Tierra se sostiene gracias a retroalimentaciones que no vemos, algunas dentro de nosotros y muchas fuera. Hay ciclos para que tengamos oxígeno que respirar, para que las cumbres deshielen cada primavera y para que los leones sobrevivan sin acabar con las gacelas. Nos resulta natural que sea así, porque de otro modo no estaríamos aquí, pero esta paz es una rareza. Las leyes del universo empujan a lo contrario. La segunda ley de la termodinámica dice que los sistemas cerrados tienden inexorablemente al desorden. De todos los estados posibles, son poquísimos los que resultan útiles a la vida; el viento no sopla para construirte un refugio, sopla para destruirlo.

Por eso, que nuestro mundo sea un lugar ordenado es un grandísimo privilegio y, en cierto sentido, un misterio.

SEGUNDA REGLA

Piensa en números

Mide muchas cosas

Donde veremos las ventajas de juzgar a los jugadores de baloncesto atendiendo a sus números y no a su aspecto.

I

Daryl Morey fue el primer mánager de la NBA que apostó por hacer fichajes de jugadores basándose en datos tras tomar el control de los Houston Rockets en 2007. Era «uno de esos idiotas que cree en las estadísticas», como dijo con mala baba el exjugador Charles Barkley. Pero así era. Morey, que había estudiado computación y estadística, quería apoyar sus decisiones en el análisis cuantitativo del juego, siguiendo la estela de la revolución que ya se había producido en el béisbol. Estaba convencido de que los ojeadores del mundillo del baloncesto eran horriblemente subjetivos valorando a los jugadores y que se podían hacer mejores fichajes si se prestaba más atención a los datos: «Los humanos tomamos mejores decisiones cuando tenemos información» decía.

En el verano de 2007, el equipo de Morey se preparaba para hacer sus primeros fichajes armado con un modelo estadístico rutilante que podía valorar jugadores por sus números. El modelo tenía predilección por un joven europeo de veintidós años… pero el mánager fue incapaz de convencer a sus ojeadores y ficharlo. Y lo peor es que el motivo era ridículo: resultó que al grupo de viejos expertos no les gustaba el aspecto del chico. Se pasaban una foto del joven sin camiseta, aniñado y con sobrepeso, y hasta le habían puesto un apodo: lo llamaban Man Boobs, «tetas de tío». Se pasaban el día haciendo bromas: «Man Boobs esto, Man Boobs aquello», como recuerda el mánager en el libro *Deshaciendo errores*, de Michael Lewis.

Morey no se atrevió a fichar a Marc Gasol. Y no fue el único. El resto de equipos de la NBA debían de pensar igual que los ojeadores de los Rockets, porque Gasol acabó siendo escogido en el puesto 48 del *draft* por los Lakers, el equipo de su hermano Pau, que lo traspasó a Memphis. Los equipos de la liga eligieron a cuarenta y tantos baloncestistas por delante de Marc. «Las posibilidades de fichar a un jugador de nivel All-Star en el puesto 48 son de menos de una entre cien», explica Lewis. Pero se habían equivocado, como pronto quedó demostrado. En su primer año, Marc Gasol fue elegido entre los mejores novatos, y en su carrera no solo participó en un All-Star, el partido a mitad de temporada con los mejores jugadores de la NBA, sino en tres.

Lo que se ha aprendido en la NBA y en otros deportes es que medir las cosas importa. Las estadísticas no pueden capturarlo todo, pero sin ellas vas a capturar mucho menos.

Lo anterior es un axioma de este libro. Esto no significa, sin embargo, que reducir la realidad a números sea una cosa trivial. Al contrario, este libro existe porque es una tarea complicada. Da igual si hablamos de jugadores de baloncesto o de cualquier otra cosa. Imagina que quieres identificar al mejor de entre todos los baloncestistas europeos. ¿Cómo lo harías? Puedes confiar en las sensaciones de un grupo de expertos como los ojeadores de Houston, pero si quieres hacer un análisis cuantitativo tienes que medir de alguna forma la habilidad de los jugadores. Debes reducir a números un fenómeno complejo. Un partido de baloncesto es una sucesión de cientos de jugadas. Podrías apuntar cuántas canastas consigue Marc Gasol, qué porcentaje convierte desde cada posición, cuántas asistencias da o cuántos tapones hace; puedes hasta medir cómo mejoran los números del resto de su equipo en los minutos en que él está en la cancha. Pero, aunque codifiques todos esos factores, te dejarás otros detalles fuera: ¿cómo resiste la presión el jugador? ¿Es buen compañero? Tienes que asumir que reducir a números el baloncesto, o cualquier otra cosa, implica dejar aspectos fuera; vas a perder matices, pero es la única manera de ser sistemático y avanzar.

Algunas personas usan esta limitación para ignorar los datos. Lo he escuchado muchas veces en el mundillo deportivo: «No puedes reducir el fútbol a números porque es demasiado complicado». Y en parte tienen razón. Aunque usemos decenas de variables, se nos escaparán matices que pueden tener importancia. Pero lo discutible no es eso. La trampa es pensar que hay una alternativa mejor. ¿O esperan manejar toda esa complejidad con sensaciones? Nuestro instinto recibe una enorme confianza sin merecerla: puede hacer que despreciemos a Marc Gasol por su aspecto aniñado.

Si el ejemplo del deporte no te convence, piensa que lo he escogido por eso. Muchos aficionados sienten que entienden bien el baloncesto o el fútbol sin necesidad de manejar bases de datos masivas. Quizá has visto miles de partidos, o los has jugado, y te cuesta creer que las estadísticas vayan a enseñarte nada. Pero te ciega la experiencia y el exceso de confianza. El fútbol no es más complicado que el sistema inmunológico o el vuelo de aeronaves, pero cuando nos vacunamos o nos subimos a un avión, la mayoría damos por hecho que la gente al mando habrá hecho cálculos. Aceptamos que, para dominar esos temas, hay que medir, hacer experimentos y rellenar algunos Excel. Y si los números ayudan a que vuelen objetos más pesados que el aire, ¿no deberían servirnos también para hacer mejores fichajes? Aceptemos que para estudiar cosas complicadas hacen falta números. La siguiente pregunta es cuáles.

II

Escoger buenos datos es el paso esencial de cualquier análisis. Si interpretas una estadística que no significa lo que crees, las conclusiones a las que llegues estarán equivocadas.

Debes elegir bien tus métricas. Y entenderlas.

Hay algunas pésimas, como la que durante años se usó en España para medir las audiencias web de los medios de comunicación. Se establecía un ranking fijándose en quién tenía más usuarios únicos al mes. Pongamos que en diciembre han entrado 20 millones de españoles diferentes en la web *Último minuto*, y que en un medio rival, *El análisis*, solo han entrado 10 millones. El primer periódico tendrá una posición superior en el ranking, pues en teoría goza de una mayor audiencia. Pero la métrica es mala, porque ignora cuántas veces entra cada lector. Supón que esos 20 millones de visitantes de *Último minuto* accedieron una vez cada uno, porque son paracaidistas que entraron a través de un anuncio en Facebook: solo sumarán 20 millones de páginas vista ese mes. Serán gente que no tiene ningún aprecio por la marca, que a lo mejor entró siguiendo un titular llamativo y luego acabó decepcionado. En cambio, si resulta que los 10 millones de lectores de *El análisis* entraron diez veces cada uno, el medio sumará 100 millones de páginas vistas. Será un medio con más visitas cada día, con lectores fieles y más influencia.

Este ranking es un caso límite, pero la dificultad es generalizada. Cuesta medir con exactitud lo que quieres.

Imagina que te propones averiguar cuál es el principal destino de veraneo nacional en España. Puedes ir a una fuente oficial y encontrar un montón de datos útiles. Averiguarás que, entre junio y septiembre, las ciudades que reciben más visitantes españoles en sus hoteles son Madrid y Benidorm. En 2021, la capital recibió 1.170.000 turistas nacionales en esos meses, que son más del doble de los que recibió Benidorm (484.000), el destino de playa de la costa de Alicante. ¿Podemos concluir que Madrid es un destino más exitoso que Benidorm? No tan deprisa. Estamos midiendo el número de visitantes, pero las estancias en Madrid son más cortas: ¿y si los turistas están allí un día, pero en Benidorm pasan una semana? Para tener eso en cuenta, necesitamos otras métricas, como el total de pernoctaciones (cuántas noches de hotel pasan los visitantes en cada ciudad). Y la conclusión cambia con estos datos: ahora el principal destino veraniego de España es Benidorm, con 1.865.000 estancias, un millar más que las que registró Madrid. Tenemos dos métricas y dos conclusiones, y eso que solo nos hemos fijado en hoteles, sin pensar en los turistas que habrá en campings o apartamentos.

El ejemplo sirve para reconocer una derrota. No te vuelvas loco buscando la métrica perfecta, una que capture toda la complejidad de lo que sea que estás estudiando, porque esa métrica no existe. A menudo hay que medir muchas variables para apreciar las múltiples dimensiones del fenómeno. No hay atajos aquí. Elegir métricas es un ejercicio delicado. Todas tienen puntos ciegos que debes conocer para sacar conclusiones.

III

El siguiente paso, cuando ya hayas decidido que usarás cierta métrica, consiste en afilarla como el cazador hace con su cuchillo. En los detalles está la excelencia: ¿te conviene una media o una mediana? ¿Necesitas calcular un porcentaje? ¿Deberías tener en cuenta la inflación o hacer algún ajuste de otro tipo? Aunque las decisiones se amontonan, hay dos sencillos consejos que ayudan casi siempre y son útiles como ejemplos.

Primer consejo: usa métricas relativas

Es mejor saber cuántos médicos hay en España por cada 100.000 habitantes que conocer su número absoluto, en miles o cientos de miles. Es más intuitivo así, porque te haces una idea de con cuántas personas compartes tu médico de cabecera, por ejemplo, y además es una cifra que puedes usar para comparar: te sirve para saber si en España hay más médicos que en Alemania o Marruecos.* La forma natural de interpretar una cantidad es ponerla en relación con otra; justo lo que hacen las métricas relativas.

---

* Un error demasiado común en la prensa son las listas ordenadas con cifras absolutas. Me refiero a esos titulares que te informan de que Madrid, Andalucía y Cataluña son las comunidades con más accidentes de tráfico, o con más ganadores de lotería, o con más de cualquier otra cosa, sin tener en cuenta que también son las comunidades con una mayor población.

Para ver un caso, supón que te digo que España gasta más dinero en educación que Finlandia. ¿Crees que es cierto? Lo es en sentido literal: España gasta unos 50.000 millones de euros y Finlandia solo 12.000 millones, pero ese es un dato engañoso. Hay que expresar las inversiones relativas a la población de cada país: Finlandia dedicó a la educación 2.300 euros por habitante, mientras que España solo dedicó 1.000 euros. Estos datos son más informativos. Además, podemos completarlos usando porcentajes, que son la métrica relativa por excelencia. Si queremos medir el esfuerzo en educación que hacen España y Finlandia, podríamos expresarlo en relación con el presupuesto de sus gobiernos, lo que acerca bastante los resultados: en Finlandia la educación representa el 12 % de todo su gasto público, mientras que en España representa un 10 %.

Una base de referencia típica es la población, por eso hablamos de «renta por persona» o «médicos por habitante». Pero la regla sirve igual para otras cosas. Imagina, por ejemplo, que quieres saber si un jugador de fútbol es un buen goleador: lo ideal no es preguntarte cuántos goles marcó en una temporada, que dependerá de si ha jugado 20 o 30 partidos, sino calcular una estadística con sus «goles por noventa minutos».

Estas métricas relativas son en general mejores. Pero, cuidado: no hay que llegar al absurdo de despreciar por completo las cifras absolutas. Por ejemplo, el tamaño del ejército de un país tiene valor absoluto. Puede que Chipre o Eritrea tengan más soldados por habitante que China, y eso es interesante, pero lo que importa es que China tiene el mayor ejército sobre la Tierra.

Segundo consejo: conoce los ajustes típicos de ciertos problemas

Para ilustrar esto voy a usar dos ejemplos, empezando por uno de cine: ¿sabes cuál es la película más taquillera de la historia? En teoría es *Vengadores: Endgame*, que se estrenó en 2019 y recaudó 2.800 millones de dólares en todo el mundo. El récord anterior suele atribuirse a *Avatar*, que logró casi la misma cantidad diez años atrás, y el anterior es *Titanic*, que en 1997 sumó 2.500 millones. Pero esta lista es tramposa. En realidad, *Titanic* es la película más taquillera de las tres… cuando corriges las cifras por inflación. Es algo que seguramente ya sabes: el dinero cambia de valor con el tiempo, en general para perderlo. Mi abuelo iba al cine por unos céntimos, yo empecé a ir por tres euros y ahora cuesta diez. Por eso, si queremos comparar cantidades monetarias entre décadas distintas, tenemos que ajustar esas cifras con un índice de precios de referencia. ¿Qué pasa cuando hacemos eso con las películas? Que la recaudación de *Titanic* supera los 4.000 millones en dólares de 2020, que es bastante más de lo que recaudó *Vengadores*.

Más aún, resulta que la de James Cameron sigue sin ser la película más taquillera de la historia del cine. Para encontrarla tenemos que remontarnos décadas atrás, hasta 1939, cuando se estrenó *Lo que el viento se llevó*. No tenemos datos tan antiguos a nivel mundial, pero sabemos que es la película que más entradas de cine ha vendido en Estados Unidos a lo largo de la historia. Le siguen *Star Wars, Sonrisas y lágrimas, E.T., el extraterrestre* y, ahora sí, *Titanic*, que es la quinta. Si te parece que los récords de taquilla se baten continuamente, es porque a las distribuidoras les conviene olvidarse de ajustar por inflación y decir que su último estreno es un éxito sin precedentes, lo sea o no.

Hay muchos ajustes parecidos a este, típicos de diferentes

ámbitos. Por ejemplo, es frecuente *desestacionalizar* las series del paro para eliminar su componente cíclica (como el boom de contratos en verano), o ajustar el valor de una cantidad de dinero en diferentes países por su *poder de paridad de compra*. También son delicadas las cifras de rentas, que hay que manejar con cuidado si queremos comparar la riqueza de diferentes personas.

Plantéate que estamos estudiando la renta de los barrios de una gran ciudad como Madrid. Podemos acudir al Instituto Nacional de Estadística (INE) y averiguar cuál es la renta en cada manzana. Me he fijado en dos vecindarios en concreto (los que se ven en el siguiente mapa), porque tienen la misma renta media: unos 24.000 euros de ingreso neto por vecino. El primero son dos manzanas del centro, sobre la parada de metro de Bilbao, entre las calles de Luchana y de Fuencarral, en el barrio de Tribunal. El segundo son cuatro bloques de pisos en las afueras al norte de la ciudad, en la calle de la Costa Brava, cerca de la parada de metro Paco de Lucía. Son dos zonas de rentas altas, las dos entre las más ricas de la ciudad. Pero no son tan iguales como parece. De hecho, en una de ellas hay el doble de personas

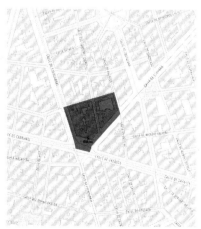
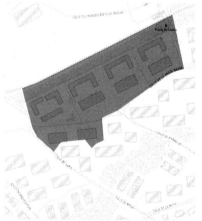

Metro Bilbao (centro)   Metro Paco de Lucía (norte)

ricas que en la otra (un 61 % frente a un 31 %). ¿Qué crees que está pasando?

El problema es que la *renta por persona* es una métrica imperfecta porque no tiene en cuenta el tamaño de los hogares. Compara una pareja con dos niños que ingresan 80.000 euros con una señora jubilada que vive sola en el piso de enfrente, con una pensión de 20.000 euros: aunque tienen la misma renta por persona, la familia parece indiscutiblemente más rica. Algo así ocurre con nuestros dos barrios. El primero está en el centro y allí los hogares son más pequeños (no viven ni dos personas de media en cada uno). En cambio, Paco de Lucía es una zona de urbanizaciones llena de familias con hijos (donde viven 3,2 personas por hogar). Es una diferencia clave: la renta media *por persona* baja en Paco de Lucía porque hay niños, pero sus rentas *por hogar* son mucho más altas que en Tribunal:

	Tribunal	Paco de Lucía
Renta media por persona	24.000€	24.000€
Renta media por hogar	49.000€	81.000€ ↑

No obstante, hay que ir con cuidado, porque la renta del hogar tampoco es una medida perfecta. Tiene el problema contrario, exagera lo ricas que son las familias numerosas, que quizá ganen más, sí, pero que, al fin y al cabo, tienen que repartir su dinero entre más personas. Es absurdo decir que una persona que vive sola con 19.000 euros es más pobre que una familia de cuatro miembros con 20.000 euros. ¿Qué solución hay para esto? Podemos usar rentas familiares ajustadas por el tamaño del hogar, lo que se conoce como «renta por unidad de consumo» o «renta por persona equivalente». Es el ajuste que usa la Oficina Estadística de la Unión Europea (Eurostat). El primer adulto del hogar cuenta como una unidad; el resto de adultos cuentan como 0,5 unidades, y cada niño cuenta como 0,3 unidades. Es una forma aproximada de tener en cuenta que vivir dos personas o tener un hijo exige más ingresos, aunque no tantos como para dividir tus rentas por la mitad.

Esta estadística es la mejor de las tres para juzgar nuestros dos barrios, los vecindarios en Tribunal y Paco de Lucía. La renta por persona equivalente son 21.000 euros en el primero y 33.000 en el segundo.

	Tribunal	Paco de Lucía
Renta media por persona equivalente	21.000€	33.000€

Es decir, que, aunque tengan la misma renta por persona y sean dos barrios acomodados, ahora sí podemos decir que el de las afueras, Paco de Lucía, con sus casas grandes y nuevas, es más rico que el de Tribunal.

Explora tus datos

Donde discutimos los límites de la media y la mediana. Además, puede que algunos descubráis que sois más ricos de lo que pensáis.

I

La media es la estadística más popular que existe, pero todos hemos escuchado chistes a su costa: «La estadística es la disciplina que dice que, si yo tengo diez millones de euros y tú ninguno, de media los dos somos millonarios». Efectivamente, eso es lo que diría la media y, efectivamente, no es una descripción útil en este caso. ¿Significa eso que usar esta medida es una mala idea? Lo que debes entender es que una media es una simplificación. Es lo que llamamos una «métrica resumen», que, como dice su nombre, sirve para resumir información. Son estadísticas que sintetizan muchos datos en una sola cifra, como por ejemplo un porcentaje.

Imagina que un ayuntamiento financia un programa para mejorar las escuelas de un barrio pobre, y diez años después quiere evaluar su resultado. ¿Sirvió para llevar a la universidad a más chicos y chicas? Si se demuestra que el programa aumentó el porcentaje de universitarios del 20 % al 40 %, diremos que ha sido un éxito, aunque es evidente que no funcionó para todo el mundo. Cada estudiante tendrá su propia historia, pero pensar claro exige sacrificar detalles, porque, de otra forma, la complejidad de cada situación es tan grande que se vuelve inmanejable.

Hay que entender el valor de estas estadísticas resumen, al mismo tiempo que sus limitaciones.

Al igual que la media, otro buen ejemplo son las estadísticas que llamamos «moda» y «mediana».

Mi primer consejo al respecto es que no deberías usar la moda. Puede que exista alguna situación donde es la mejor opción, pero nunca la he encontrado. La moda se define como el número más repetido del conjunto. Si cogemos todos los salarios de España, el que más se repite será la moda, que pongamos que son 1.000 euros. Este valor tiene un significado intuitivo, es el sueldo más común, pero es un mal indicador, porque es caprichoso. Considera los seis salarios de estas dos pequeñas empresas:

```
Empresa A: 500, 1.000, 1.000, 1.501, 9.999, 10.000

Empresa B: 500,  999, 1.000, 1.501, 10.000, 10.000
```

Son dos listas casi idénticas, que tienen la misma media (4.000 euros) y la misma mediana (1.501 euros)... Pero ¡las modas son completamente diferentes! En el primer grupo es de 1.000 euros y en el segundo, de 10.000 euros.

¿Qué pasa con la «media» y la «mediana»? Tienen ventajas e inconvenientes, aunque, como atajo, podemos decir que la segunda se usa menos de lo que se debería, porque suele ser más informativa y más fiable.

Imagina que sois siete hermanos y estáis promediando vuestra riqueza. Para calcular la media tenéis que sumar todo el dinero y dividirlo entre los siete que sois. Eso significa que, si uno de vosotros es multimillonario y tiene 70 millones de euros en el banco, vuestra riqueza media serán 10 millones, aunque el resto no tengáis ni un euro. En este caso, la media es engañosa, porque hay un valor anómalo (el hermano millonario), pero la mediana evita ese problema. Calcularla consiste en ordenar a todos los hermanos de más pobre a más rico, y luego fijarse en el que quede en medio: su riqueza será vuestra riqueza mediana.

```
Hermano:  1.º  2.º  3.º  4.º  5.º  6.º  7.º
Renta:    0    0    0    0    0    0   70 millones
                             ↑
                      Mediana = 0
```

Cuando hay valores extremos, la mediana se demuestra una estadística más «resistente». Otro ejemplo es pensar en lo que pasará si tu hermano millonario se muda a un barrio donde viven 70 personas de rentas normales. La media subirá de golpe por encima del millón de euros. En cambio, la renta mediana resistirá la llegada de tu hermano: solo subirá un peldaño, será la renta del vecino 35 en lugar del 34, por lo que serán cifras similares.

Una ventaja de la media es que es más fácil calcularla, porque es un resumen que se calcula a partir de otros resúmenes: basta dividir la cantidad total por el número de observaciones. En cambio, para calcular la mediana necesitas tener todas las observaciones, los datos uno por uno. Y eso es más exigente. Supón, por ejemplo, que queremos saber cuánto sexo con preservativo tienen los españoles. Para calcular la media nos bastaría con averiguar el total de preservativos que se venden y dividirlo por el número de españoles. No necesitas información más sensible ni más detallada. En cambio, para calcular la mediana tienes que saber cuánto sexo tuvo *cada persona*, para luego ordenar todos los valores y quedarte con el que se encuentre en la mitad de la distribución, que es la mediana de sexo por español.

Esta complicación explica por qué la media es más común, pero también por qué la mediana es más valiosa: es un resumen que te da información sobre la distribución subyacente. Te informa de dónde está su centro, como hemos visto, que es un dato útil. Si te digo que la renta mediana de un barrio son 50.000 euros, sabes con seguridad que la mitad de los vecinos ganan más. En cambio, si te digo que esos 50.000 euros son la renta media, no puedes tener certeza: quizá es donde vive tu hermano el millonario.

II

Medias y medianas son métricas útiles, como hemos visto, pero no dejan de ser un solo número y no puedes pedirles una grandísima expresividad. Por eso muchas veces necesitas observar los datos de un conjunto uno a uno, o al menos examinar su «distribución», es decir, la frecuencia con que se repite cada valor. Es algo que solemos representar con histogramas. Este, por ejemplo, muestra la población mundial por edades:

< 14 años	25 %	▨▨▨▨▨
15–24	15 %	▨▨▨
25–54	41 %	▨▨▨▨▨▨▨▨
55–64	9 %	▨▨
> 64	9 %	▨▨

Ahí puedes ver que el grupo más numeroso es la gente de entre veinticinco y cincuenta y cuatro años, o que una de cada cuatro personas sobre la Tierra son niños.

Diferentes fenómenos producen diferentes distribuciones. Y observar su forma nos enseña aspectos valiosos sobre ellos que es difícil apreciar de otra manera.

En la naturaleza, muchos resultados siguen una distribución «normal», con forma de campana. Es lo que pasa, por poner un caso, con la altura de las mujeres, como puedes ver en el gráfico siguiente. Son distribuciones simétricas, cuyo centro coincide con su media y su mediana (165 cm). Además, su forma implica que la mayoría de observaciones están concentradas cerca del centro (el 68 % de las mujeres mide entre 158 y 172 cm).

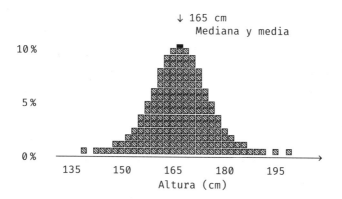

Esta distribución normal es la más conocida, pero hay muchas otras. Un ejemplo es el reparto de la renta de las personas, que se caracteriza por ser asimétrico: hay mucha gente con pocos ingresos y luego un número menguante de personas que ganan más y más dinero. El gráfico siguiente representa esa distribución, la renta neta por persona equivalente de los españoles, con datos del INE, sumando todos los ingresos de un hogar y teniendo en cuenta su tamaño.*

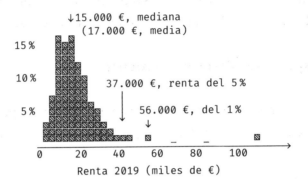

Ver todos los datos a la vez ofrece muchos detalles. Podemos apreciar que la renta media (17.000 euros) es mayor que la mediana (15.000), porque unas pocas personas ganan muchísimo. La mitad de los españoles sobrevive con menos de 15.000 euros netos por persona equivalente; y también hay mucha gente que gana eso o un poco más. Sin embargo, la distribución se va afilando: si los ingresos de tu hogar superan los 24.000 euros por persona equivalente, estáis entre el 30% más rico del país, si superan los 30.000, sois del 10%, y, si superáis los 56.000, sois del 1%. Un histograma como este sirve para absorber estos matices, y transmite una característica esencial de las rentas que no es fácil apreciar con medias ni medianas: su desigual reparto.

Pintar estas distribuciones es un ejercicio de «análisis exploratorio de datos», que es como llamamos a navegar por un conjunto de información cuantitativa sin rumbo previsto, solo que-

---

* Las cifras representan la renta total del hogar, dividida por el número equivalente de miembros. Recuerda que la equivalencia se calcula así: el primer adulto cuenta como una persona, el resto como 0,5 y cada niño por 0,3.

riendo entenderlo, y hacer los primeros hallazgos. Es un acto visual que consiste en ir mirando tablas y haciendo gráficos; ordenar las observaciones en rankings, ver la relación entre dos variables, encontrar excepciones o detectar patrones.

Explora tus datos visualmente.

Es una técnica sencilla, intuitiva y sin misterios, pero sobre la que te interesa leer si alguna vez acabas dedicado al estudio de datos.

Haz cálculos rápidos

Donde abanderamos los cálculos «de servilleta», esos que puedes hacer con la calculadora del móvil para juzgar los números que encuentras por ahí (o los que alguien te arroja).

Este libro no es un examen, pero trae algunas preguntas. La siguiente es en realidad muy difícil: ¿cuántas cápsulas de café crees que consumieron los hogares españoles en 2019? Lo normal es que no tengas ni idea. «Muchas», responde la mayoría de la gente. Pero déjame insistir: ¿dirías que fueron un millón de cápsulas o cien mil millones? Nuestro cerebro es pésimo manejando números grandes y los traduce como «un montón». Tu intuición no sirve para escoger entre esas cifras, pero no es difícil hacer un cálculo aproximado con papel o usando una calculadora. El mío fue algo así: en España viven 47 millones de personas; me parece razonable estimar que una de cada veinte toma café de este tipo, y que consumen de media un café al día. En un año eso serán unos 860 millones de cápsulas.

La respuesta correcta, según los datos del INE, es que en España se consumieron 2.390 millones de cápsulas en 2019. Es el triple de lo que yo había estimado, pero mi cálculo no estuvo mal. Al menos después de hacerlo sabía que un millón eran pocas y que cien mil millones eran demasiadas.

El consejo es que hagas cálculos continuamente.

Estos números se conocen como «estimaciones del orden de magnitud»,[*] y sirven para tener una visión cuantitativa del mundo que te rodea. Además, son esenciales para juzgar argumentos ajenos. Imagina que alguien te dice que el negocio de las cápsulas de café factura 12.000 millones de euros al año en España. ¿Deberías desconfiar? Claro. Las cuentas no salen: si se venden unos 2.000 millones de cápsulas, a 35 céntimos cada una, los ingresos rondarían los 600 o 700 millones, que es una cifra a años luz de la primera. Otra opción para juzgar el dato de la facturación total sería buscar algo con que compararlo. 12.000 millones son un 1% del PIB español, que ronda los 1,2 billones de euros, y las cápsulas de café no pueden representar una parte tan grande de toda la economía nacional.

Ten en cuenta que no estoy hablando de hacer cálculos de cabeza como un *savant*. Me refiero a usar la calculadora de tu móvil para juzgar los números que te rodean.

El objetivo es evitar errores, a veces peligrosos, como la confusión que hubo al principio de la pandemia con la letalidad de la gripe común. En febrero de 2020, los casos de coronavirus empezaban a detectarse en varios países y el mundo entero se preguntaba si el virus salido de China iba a ser un problema o no. Entre tanta incertidumbre, había mucha gente que le quitaba importancia a la nueva enfermedad diciendo que no sería más que una gripe y que la alarma podía ser peor que el propio virus, por sus efectos económicos o de salud mental. Se oponían

---

[*] Suelen usarse potencias de 10 para aproximar cada variable desconocida (0,01; 0,1; 0,1; 10; 100; 1.000, etcétera), pero funcionan igual usando números un poco más precisos (0,01; 20; 70; 700; 3.000; y así) y resulta más natural.

a las primeras restricciones y ridiculizaban a las personas más preocupadas. Para defender su postura repetían un dato que acabó demostrándose erróneo, pero que desde el principio debió parecernos débil: decían que la gripe común era más letal que el coronavirus.

Por entonces ya teníamos estimaciones de la letalidad de la COVID-19 en China, que parecía rondar entre el 0,5 % y el 1 %: estaban muriendo una de cada 100 o 200 personas que se infectaban. Pero los que le quitaban importancia al virus decían que la letalidad de la gripe en España era peor, ¡del 1 % o 2 %! No se inventaban la cifra, se basaban en un informe del Instituto de Salud Carlos III, un organismo dependiente del Ministerio de Sanidad, donde se decía que, entre 2017 y 2018, en España había habido 700.000 casos leves de gripe y unas 15.000 muertes derivadas de la misma. La letalidad calculada con esos datos era de un 2 %, que efectivamente doblaba la del coronavirus. ¿Qué es lo que estaba fallando?

Como contaré enseguida, la comparación era errónea, pero no hacía falta saberlo para desconfiar de ese 2 % de letalidad de la gripe. ¿No era demasiado alta? Si uno lo pensaba fríamente, resultaba sospechoso. Si cada vez que alguien cogiera una gripe tuviese una probabilidad de morir de 1 entre 50, lo sabríamos y le tendríamos más miedo. Aunque dependiese de la edad. Si cuando tu padre o tu abuela enfermaran de gripe tuviesen 1 opción entre 10 de morir, ¿no crees que lo sabrías? Nos asustaríamos con los primeros síntomas. Es raro que algo que consideramos leve sea tan letal.

El fallo de los «sologripistas» es que estaban calculando mal. Ese 2 % que mencionaban no era la letalidad por *infectado* de gripe, sino la letalidad por *caso diagnosticado*. Los 700.000 casos de gripe que reportaba el Instituto de Salud Carlos III eran los diagnosticados por el sistema de salud, pero muchísima gente pasa la gripe sin ir al médico. Según Adam Kucharski, el epidemiólogo del que ya hemos hablado, cada año la sufre quizá un 30 % de la población mundial. En España serían 10 o 15 millones de infectados, de manera que las 15.000 muertes que se le atribuyeron entre 2017 y 2018 arrojarían una letalidad del 0,1 %. Con las 6.000 de 2018 y 2019, se rebajaría al 0,05 %. Para aclarar esta cuestión, en marzo de 2020 Kucharski y otros epidemiólogos compartieron sus estimaciones de la letalidad de la gripe, que iban del 0,02 % al 0,05 %.* La gripe no es una enfermedad banal, pero el nuevo coronavirus era cinco, diez o cuarenta veces más letal.

Mi recomendación es que hagas cálculos rápidos. Son útiles para tomar decisiones personales, para avanzar en tu trabajo o para juzgar un viral de WhatsApp que te reenvía un familiar. Hacer estos cálculos, además, hoy es más fácil que nunca, porque tenemos internet para encontrar cualquier información. Bastan cinco minutos en Google para averiguar cuántas muertes se atribuyen a la gripe, por ejemplo. Hasta puedes entrar en la web del INE y descubrir que los españoles consumimos 2.390 millones de cápsulas de café en 2019.

* El Centro Europeo para la Prevención y el Control de las Enfermedades (ECDC) estima que hay 50 millones de casos sintomáticos de gripe al año, y entre 15.000 y 70.000 muertes, lo que arroja una letalidad del 0,03 % al 0,14 %, y eso sin contar los casos asintomáticos.

TERCERA REGLA

Protege tus muestras de sesgos

Tu percepción no sabe tomar muestras

Donde explicamos lo difícil que es ser futbolista, y hablamos de un espejismo: ¿por qué los jugadores del FIFA creen que la consola hace trampas aunque no sea verdad?

I

Muchos niños sueñan con jugar al fútbol a nivel profesional. No es extraño, porque los jugadores de élite tienen vidas envidiables: ganan mucho dinero, tienen buen aspecto y son reconocidos como estrellas. Hasta podemos encontrarle un valor trascendente a lo que hacen, como decía un personaje de Chad Harbach que adoraba el béisbol: «[Era] una actividad en apariencia sin sentido, llevada a cabo por personas con aptitudes especiales, una actividad que escapaba a todo intento de quienes pretendían definir su valor, y sin embargo, de algún modo, parecía transmitir algo verdadero o incluso fundamental sobre la condición humana». Es tentador ganarse la vida haciendo algo así. Pero el deseo de ser futbolista es una trampa con forma de iceberg. Los jugadores que envidiamos son unos pocos elegidos que se elevan sobre millones de jóvenes talentosos que intentaron lo mismo y fracasaron. Si haces números, la carrera de un futbolista se parece a una lotería donde cada boleto te cuesta años de juventud. Pero nadie piensa en esto, porque el optimismo está en nuestra naturaleza. Miramos la punta del iceberg y sentimos que esos seremos nosotros; «querer es poder», pensamos, aunque no sea verdad.

Hagamos números. En España hay unas 5.000 licencias de futbolistas masculinos profesionales sumando todas las categorías, desde primera división hasta segunda B. Pongamos que sus carreras duran unos cinco años de media. Si es así, podemos estimar que cada año habrá unos 1.000 jóvenes que logran ser futbolistas profesionales. El problema es que en España hay 110.000 chicos federados en categoría juvenil, con dieciséis, diecisiete o dieciocho años, así que quizá 1 de cada 40 llegará a ser profesional y 1 de cada 200 logrará debutar en primera o segunda división.

Otro cálculo pasa por ponernos en la piel de chicos que están a las puertas de la élite. Imagina que juegas en uno de los veinte mejores clubes de juveniles, en el Real Madrid o el F. C. Barcelona. Estás entre los 600 mejores de los 110.000 federados de tu edad. Es innegable que tienes un talento especial comparado con los niños de tu pueblo, tu barrio o tu colegio. Estás en el penúltimo escalón y los números parecen estar a tu favor, por fin: por cada uno de vosotros, hay un jugador en primera división, ¿no? Por desgracia no es así. Tu equipo de juveniles se renueva cada tres años, pero en la élite puede haber jugadores que ocupen un mismo puesto durante una década o más. Que tengan una carrera larga dejará sin debutar a tres chavales.

No podemos ver a los jugadores que salen en televisión y concluir que ser futbolista es buena idea, porque estamos contemplando una muestra sesgada. ¡No sabemos nada del resto de niños y niñas que persiguieron el mismo sueño y no tuvieron éxito! No sabemos cuántos son, ni cuánto sacrificaron. Nuestro cerebro nos empujará a considerar a veinte futbolistas como una muestra útil para seguir su camino, pero nuestro cerebro generaliza con datos insuficientes, así que debemos desconfiar.

Tu percepción no sabe tomar muestras.

Deja que te muestre cinco ejemplos de este fallo que nos caracteriza.

1. Tomamos (malas) muestras con lo que tenemos cerca

Razonamos como si lo que pasa a nuestro alrededor fuese siempre representativo del mundo en general. No lo es. Es lógico usar tu experiencia para inspirarte, pero es un error olvidar que vivimos en burbujas. Cuando, en 2007, le preguntaron al entonces presidente del Gobierno José Luis Rodríguez Zapatero si sabía cuánto costaba un café, contestó que ochenta céntimos, porque eso es lo que costaba en la cafetería del Congreso, aunque en la calle fuese el doble. Vivimos en islas. Si estás leyendo este libro, es probable que tengas estudios (porque los universitarios leen más) y que tus vecinos ganen más dinero que la media de tu país (porque también suelen tener mejores sueldos). Además, es probable que no lo sepas. ¿Cómo de rico dirías que eres? Pongamos que vives en España con tu pareja, que no tienes hijos, y que entre los dos ingresáis más de 38.000 euros netos. Seguramente creas que tenéis una renta media, pero lo cierto es que ingresáis más dinero que el 80% de los españoles. Tendréis la sensación de que mucha gente a vuestro alrededor gana más, y seguro que es verdad, porque las personas vivimos segregadas y nos rodeamos de grupos afines.

2. Tomamos (malas) muestras con lo llamativo

Si ves ciertos informativos, pensarás que el mundo es una catástrofe: ayer murieron doce personas en un incendio, hubo un terremoto, una señora descuartizó a sus vecinos y un niño se perdió en el mar flotando en su colchoneta. Son sucesos cotidianos porque salen en televisión. La paradoja es que salen en televisión porque son rarísimos.

3. Tomamos (malas) muestras a partir de nuestras experiencias

Al tomar decisiones, damos mucho peso a lo que hemos vivido de primera mano, aunque sean experiencias puntuales y contradigan una carpeta con informes y estadísticas. Por eso nos da más miedo volar que utilizar el coche, aunque los aviones son más seguros. Tu cerebro discurre de otra manera: «He volado poco, ¡Dios sabe qué puede pasar! Pero cojo el coche cada día y no pasa nada».

4. Tomamos (malas) muestras por conveniencia

Si estás discutiendo y defiendes que las mejores películas se rodaron en los años noventa, solo te vendrán a la cabeza buenos títulos de esa década. Pero eso no es un argumento. Es *cherry picking* («escoger cerezas»), como dicen en inglés, que es una falacia que consiste en quedarte con las observaciones que convienen a tu tesis (las buenas películas de los noventa) e ignorar el resto (las malas). Lo divertido es que esa trampa la puede hacer tu cerebro a tus espaldas: si le da pereza ir al gimnasio, se le ocurrirán un montón de razones para no ir, y te dirá que es mejor dejarlo para mañana (¿por qué?) o te recordará que está lloviendo (¿qué más da?).

5. *Tomamos (malas) muestras por victimismo*

Es una forma de explicar la llamada ley de Murphy, esa sensación que tenemos de que, si algo puede salir mal, saldrá mal. Quizá hayas escuchado esta queja sobre las tostadas: «¿Por qué se caen siempre del lado de la mantequilla?». Pero el universo no conspira contra ti. No es verdad que el pan caiga siempre del lado que no nos conviene, lo que ocurre es que esas son las veces a las que prestas atención. Si la tostada se te escurre y cae del lado seco, no le dedicas un solo pensamiento. Son las otras veces, cuando cae del lado de la mantequilla, cuando te enfadas y piensas cuánta razón tenía Murphy.

Me encontré otro ejemplo divertido sobre esto en la comunidad de jugadores de un videojuego popular de EA Sports, el *FIFA*, un simulador de fútbol que lleva publicando ediciones desde 1993. Millones de personas compiten en su modo en línea y dedican varias horas cada fin de semana a enfrentarse unos contra otros. Si no has jugado nunca, puedes imaginarte cada partido como uno de verdad. Es parecido, en realidad. Tú controlas a un futbolista de tu equipo en cada momento y tu rival controla a otro del suyo. Pero en el juego no estáis los dos solos, también influye la máquina, lo que la comunidad llama CPU, que se encarga de mover al azar al resto de futbolistas. La CPU es una especie de dios en el juego: si tu disparo se va fuera o tu rival falla un regate, en parte será su decisión... Y eso es una fuente de enfados para los jugadores, y hasta de teorías conspirativas.

91

Imagina que vas ganando 1-0, queda un minuto de partido y te dispones a sacar un córner. Coges el mando con delicadeza, pulsas un botón para centrar el balón y otros dos para que tu delantero conecte un remate perfecto, pero la pelota da en el palo (¡¿por qué?!), tu rival lanza un contraataque y, aunque chuta de muy lejos, a tu portero se le escurre el balón y te marcan gol.

Dos decisiones de la máquina te han quitado la victoria para igualar el partido, como si quisiera que pasase eso.

La comunidad del *FIFA* llama a esto *scripting*. Cree que los creadores del juego esconden un código secreto que adultera los partidos para que estén igualados, que cuando vas ganando pasan cosas raras porque la máquina ayuda al jugador rival. Esto no parece un problema visto desde fuera: ¿y qué más da si hacen «trampas» para que el juego sea divertido? Pero los jugadores se toman el *FIFA* muy en serio, quieren que sea justo y competitivo. En los foros hay montones de quejas sobre estas presuntas trampas: «Cualquiera que haya jugado puede verlo», dice un tal Civicmon en Reddit; «Llámalo *scripting* o dificultad dinámica, es lo mismo. Es por eso que he dejado el jodido juego», asegura otro. Hay quien comenta los motivos que tendría la empresa para hacer esto: «Quieren maximizar el *engagement* de sus usuarios, lo que se traduce en más dinero en los bolsillos de EA».

Pero lo interesante es que la compañía lo niega todo. Quien te engaña no son ellos, aseguran, sino tu percepción. «Es algo que me preguntan con frecuencia —decía Matt Prior, el director creativo del *FIFA*, en una entrevista de 2017—. "¿Hay algo ahí dentro que guionice las cosas?". No lo hay en absoluto». La empresa lo ha repetido muchas veces: usan algoritmos para simular errores de los futbolistas virtuales, como un mal remate o la salida en falso del portero, porque quieren darle autenticidad al juego. Pero la probabilidad de que ocurran esos errores no cambia con el resultado. Los fallos ocurren al azar. «No tiene en cuenta cosas como "Oh, vamos 1-0 en el minuto 90, vamos a darle a este tipo un poco más de error», asegura Prior. ¿Por qué entonces tantos jugadores tienen otra impresión? Supongo que es humano buscar culpables para nuestras desgracias, sean dioses o algoritmos. Pero lo cierto es que tenemos la memoria deformada. Cuando somos nosotros los que remontamos un partido injusto, lo celebramos un segundo y pulsamos «Siguiente», no pensamos en EA Sports. Es cuando pasa al revés que vemos un patrón: otra vez la maldita CPU yendo contra mí. Siempre habrá excusas: «Es por tu habilidad por lo que ganas, y son trampas cuando pierdes», como dice Prior.

Leyendo a la gente de EA Sports, es evidente que disfrutan con esta polémica. En los enfados de los jugadores encuentran una razón para estar orgullosos de su creación: han hecho un simulador tan bueno que jugar al *FIFA* es tan frustrante como el fútbol real.

Cuidado con los sesgos de selección

Donde viajamos a 1943 para hablar del «más extraordinario grupo de estadísticos que se ha organizado jamás». Además, nos ponemos en la piel de un académico de Harvard para evitar una trampa a menudo ignorada: el sesgo de colisión.

I

Corría el año 1943 y los aviones americanos caían derribados con demasiada frecuencia. La conclusión del ejército de Estados Unidos fue que había que reforzar su blindaje. Sin embargo, decidir qué partes era un asunto delicado, porque aumentar el peso de los aviones podría ser contraproducente si los hacía menos maniobrables. Acudieron al Statistical Research Group (SRG), un equipo de matemáticos e ingenieros de la Universidad de Columbia dedicado a resolver problemas de la guerra. «El más extraordinario grupo de estadísticos que se ha organizado jamás», como le gustaba alardear a su director de investigación, Allen Wallis. Realmente, era un equipo formidable. Entre 1942 y 1945, por el SRG pasaron Harold Hotelling (que da nombre a una ley, una regla y un lema), Norbert Wiener (el pionero de la cibernética), Julian Bigelow (que construyó junto con John von Neumann una de las primeras computadoras digitales), y George Stigler y Milton Friedman (ganadores ambos del Nobel de Economía). El encargo de los aviones acabó en el escritorio de otro matemático talentoso, Abraham Wald, un húngaro judío nacido en Transilvania y formado en Viena que había abandonado Austria huyendo de los nazis.

Los militares le dieron a Wald los datos con los que trabajar: habían inspeccionado cientos de aviones que habían regresado del combate para contabilizar los impactos en diferentes partes del fuselaje (en el motor, el alerón, la cabina, etcétera). El plan inicial del ejército era analizar qué zonas recibían más fuego y reforzarlas, lo cual parecía razonable. Si están friendo tus aviones a disparos en la cabina, hazla más resistente.

Pero esa lógica era errónea. El consejo de Wald fue hacer justo lo contrario. «Asumió, con pruebas sólidas, que los impactos en combate se distribuían uniformemente por todo el avión», explicó Wallis años después. Los enemigos apuntaban contra la aeronave a bulto, y las ráfagas daban en una zona o en otra por casualidad. Es más, si regresaban más aeronaves con impactos en la cabina no era porque esta fuera una zona débil, sino porque era dura: incluso después de ser alcanzados en ese lugar, los aviones eran capaces de seguir volando y regresar a su base. Si entre los aparatos inspeccionados había muy pocos con impactos en la cola, en cambio, era porque esos impactos los derribaban. De ahí la conclusión de Wald de que lo que había que reforzar eran las partes donde los aviones que habían regresado no tenían impactos, porque esas eran las zonas críticas.

La primera idea, la del ejército, era un error por «sesgo del superviviente». Los impactos en «aviones que regresan» no son una muestra representativa de todos los impactos, porque no contempla las aeronaves derribadas.

Lo mismo pasa con los casos de éxito que se enseñan en los programas de emprendimiento. Steve Jobs y Mark Zuckerberg dejaron los estudios para montar sus empresas. Tenían una visión y la persiguieron, igual que Bill Gates, Richard Branson o los fundadores de Twitter, Oracle y Dell. Cuando piensas en esa gente —todos hombres, cabe decir—, lo que parece mala idea es acabar la universidad. Pero estás observando un grupo engañoso: ¿cuánta gente dejó de estudiar para perseguir su sueño y, diez años después, no tiene ya ni sueño ni título? Seguramente son la mayoría, pero nunca lo sabremos, porque nadie entrevista a la gente que fracasó haciendo lo mismo que Steve Jobs o Mark Zuckerberg.

Estos errores son habituales. Usamos un conjunto de observaciones para estudiar una realidad más grande, sin caer en la cuenta de que ese conjunto es especial. En el caso de los aviones, la muestra estaba sesgada por supervivencia, que es un tipo de *sesgo de selección*. El proceso de tomar la muestra (aviones regresados) hacía que esta no fuese representativa del universo que iba a estudiarse (todos los aviones impactados).

Los datos sesgados te conducirán a errores, así que pregúntate por los sesgos de tus datos.

Piensa primero en una muestra sin sesgo. Supón que fabricas neumáticos y quieres averiguar cuántos kilómetros duran los surcos que aseguran un buen agarre. Lo más sencillo es ponerlos a rodar en un circuito e ir midiendo su desgaste. Si repites este proceso con decenas de neumáticos —tu muestra—, podrás calcular cuánto duran los surcos. Solo tienes que asegurarte de que los que evalúas son representativos del conjunto, que en este caso es tan fácil como escogerlos al azar de entre todos los que fabricas. Pero ese último paso, *escoger al azar*, a menudo es difícil. En el proceso de conformar una muestra es frecuente que esta se deforme.

Supón que quieres estudiar qué modelos de coche tiene la gente. ¿Podrías hacer tus observaciones con los miles de vehículos que tiene registrados una empresa de aparcamientos privados? No exactamente, porque en sus instalaciones habrá demasiados coches caros. Y si quieres averiguar cuántos libros lee el español medio, ¿serviría hacer una encuesta a mil universitarios? Tampoco, porque los estudiantes leerán más.

Es difícil conseguir muestras representativas y hay que ser consciente de este hecho. Más aún, y antes de eso: tenemos que pensar en el origen de nuestros datos, porque hay sesgos muy escurridizos.

II

Supón que eres un investigador de Harvard que quiere averiguar si existe alguna relación entre las habilidades académicas de los jóvenes y sus habilidades deportivas. Tu teoría es que están inversamente relacionadas: crees que los buenos deportistas suelen ser peores estudiantes, y al contrario, que los mejores estudiantes son peores deportistas. Es la impresión que tienes, pero, como eres un científico, decides buscar datos para poner a prueba tus prejuicios. Haces lo habitual en tu ámbito, que es usar a tus alumnos como conejillos de indias. Consultas con la gente de la administración de tu universidad y te dan acceso a las fichas del alumnado, donde hay información sobre sus notas y su rendimiento deportivo. Justo lo que necesitas. De vuelta en tu ordenador, cruzas los datos y compruebas que tenías razón: los alumnos con mejores notas realmente son los peores deportistas. Si, paseando por el campus, ves a una estudiante que se tropieza devolviendo un balón perdido, puedes asumir que probablemente sacará muy buenas notas. Este sería el gráfico clave:

Pero, cuidado, porque estás a punto de cometer un error. Recuerda que lo que tú querías investigar era la relación entre las habilidades académicas y deportivas de los jóvenes *en general*, no de los que estudian en Harvard. Así, al escoger a tus estudiantes como muestra, que entonces no será aleatoria, es casi seguro que estés creando un espejismo. La relación negativa que has encontrado entre notas y deporte la verás en tu universidad aunque no exista fuera de allí. ¿Se te ocurre por qué? No es evidente.

Una forma de ver el problema es asumir que la relación no existe. Supongamos que las habilidades académicas y deportivas son dos variables independientes, que siguen dos distribuciones normales sin relación una con la otra. La mayoría de los jóvenes estarán en la media de cada una, sacarán un siete en Matemáticas y un siete en Educación Física. Luego habrá buenos y malos estudiantes, igual que habrá buenos y malos deportistas, pero las dos habilidades no están conectadas: saber lo rápido que recorre cien metros un chaval no te dirá nada de sus notas, ni bueno ni malo. Si representáramos las habilidades de setenta jóvenes cualesquiera con un gráfico como el de antes, lo que veríamos es una nube de puntos, una perfecta «no relación» entre notas y deporte.

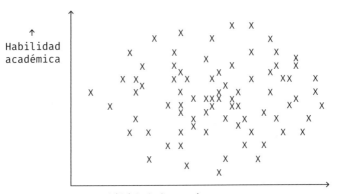

Habilidad deportiva →

Sin embargo, si en esa nube de puntos ahora destacamos a los alumnos de tu muestra, veremos emerger la relación negativa de antes: ¡los buenos estudiantes de Harvard sí son peores deportistas! La clave es darnos cuenta de que los jóvenes que estudian en Harvard son una muestra sesgada por selección. A las universidades punteras de Estados Unidos acceden jóvenes que destacan por ser buenos estudiantes o buenos deportistas, y ese filtro, por sí solo, bastará para crear una relación aunque no exista en general. Si exiges que los candidatos estén entre el 20% mejor, combinando puntuaciones académicas y deportivas, es inevitable que los jóvenes excepcionales destaquen casi siempre en un ámbito y sean más normales en el otro. Los alumnos de Harvard que accedieron por su talento en el deporte serán estudiantes en la media de la población general (hemos dicho que ambas cosas no tienen nada que ver), quizá un poco mejores, si tener buenas notas les ayudó también en la admisión, pero serán peores estudiantes que la media de su universidad, porque allí están sobrerrepresentados los muy buenos estudiantes, que accedieron justo por eso. La segunda versión del gráfico ilustra esta paradoja.

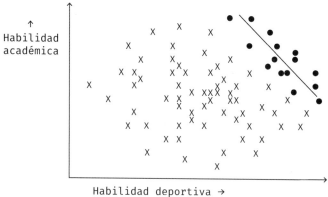

Estamos ante un caso de «sesgo de selección por colisión». El proceso de escoger una muestra puede hacer que aparezcan relaciones que son ciertas en ella, pero que no se pueden generalizar y no se cumplen en la población general. Para verlo mejor nos podemos ayudar de grafos, que son las representaciones que usa la gente que estudia problemas de causalidad (un tema al que dedicamos otro capítulo). Los dibujan para analizar asociaciones y relaciones causales entre variables. Hay una variable que es la causa potencial que estamos estudiando, a la que llamamos «exposición» o «tratamiento»; y otra que es su posible «efecto» o «resultado». El resto son interferencias, variables que pueden estar asociadas con las dos que nos interesan y cuya presencia nos puede confundir. Este es el grafo que ilustra el sesgo de colisión del ejemplo de la Universidad de Harvard:

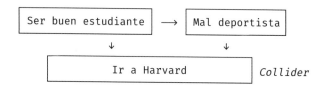

101

Cuando la exposición y el resultado («ser buen estudiante» y «ser mal deportista», o al revés) tienen una consecuencia común («ir a Harvard»), a esa variable se le llama *collider*. Su existencia no es un problema, pero, si cometemos el error de fijar su valor —por ejemplo, al tomar una muestra—, entonces provocamos un sesgo de colisión, que puede inducir a una asociación falsa entre exposición y resultado. Si miras solo al conjunto de estudiantes de Harvard, que son un grupo selecto, te parecerá que únicamente los buenos estudiantes son malos deportistas, porque te faltarán todos los jóvenes patosos y con malas notas. Y verás eso aunque el vínculo no sea cierto para la población general, sino tan solo en el grupo sesgado de alumnos admitidos en Harvard.

Es un problema escurridizo.

Si dos variables que estás estudiando tienen una consecuencia común, evita fijar su valor porque podrías introducir un sesgo de colisión.

Para ver otro ejemplo, podemos pensar en mi amiga Eva, que solo tiene citas con hombres que superen cierto umbral de simpatía y atractivo físico. Las dos características le parecen virtudes hasta cierto punto intercambiables. Si un hombre es muy guapo, no tiene que ser tan simpático para salir con él. Pero si es muy gracioso, tampoco es necesario que sea tan guapo. El resultado, tal y como lo vemos sus amigos, es que, *entre los hombres que salen con Eva*, los graciosos son más feos y los guapos son más aburridos. Y eso será cierto aunque las dos características no están relacionadas entre sí en la población general, porque es una asociación que está provocando Eva al ser muy exigente. Todos los hombres un poco sosos con los que sale son guapísimos, pero eso no significa que no existan sosos feos, claro que existen, y puede que sean la mayoría, pero no salen con Eva.

Pondera para mejorar tu muestra

¿Crees que podríamos predecir el ganador de unas elecciones preguntando solo a jugadores de Xbox? La respuesta debería ser que no, pero en realidad la respuesta es que sí.

I

En 2016, Donald Trump fue elegido presidente de Estados Unidos contra pronóstico, ganando en tres estados del Medio Oeste, donde las encuestas decían que perdería: Míchigan, Pensilvania y Wisconsin. Allí el republicano evaporó la aparente ventaja que tenía su rival, la demócrata Hillary Clinton, para batir los sondeos hasta por seis puntos. El fallo provocó una crisis del sector demoscópico que se sintió en medio mundo.

¿Por qué se habían equivocado las encuestas? Es tentador decir que la gente miente o que oculta su voto, pero no es eso lo que pasó. El problema fue que las muestras de las encuestas no representaban con suficiente fidelidad al electorado estadounidense, porque entre los entrevistados faltaban miembros de un grupo concreto, que acabó siendo determinante: habían hablado con pocas personas blancas sin estudios universitarios. Es algo que llevaba años pasando, pero hasta entonces no había sido un problema, porque los blancos con y sin estudios votaban parecido. En las elecciones de 2012, por ejemplo, los blancos con estudios votaron al Partido Republicano por 13 puntos más que a los demócratas, mientras que los blancos sin estudios lo hicieron por 23 puntos, que no es una gran diferencia. Pero en 2016 se abrió una brecha entre esos dos electorados. Los universitarios blancos votaron por Trump y Clinton casi por igual, mientras que los blancos sin estudios votaron masivamente por el republicano (70% a 30%). De golpe, había surgido un problema: si los blancos sin estudios votaban por Trump, pero estaban subestimados en las encuestas, estas iban a subestimar a Trump, que es lo que pasó. El fallo de los sondeos en 2016 demuestra la importancia de tener una buena muestra, pero también algo peor:

Nos recuerda que es muy complicado producir una muestra representativa.

Supongamos que queremos hacer una encuesta en Pensilvania para predecir el ganador de unas elecciones presidenciales. En teoría no es complicado: si 2.000 personas al azar me dicen a quién van a votar, y efectivamente lo hacen, las leyes de la estadística me aseguran que el resultado de la encuesta acabará cerca del resultado real. Sin embargo, para que eso funcione hay que entrevistar a un grupo representativo de pensilvanos, con la proporción correcta de mujeres, jóvenes y liberales, así como de todas sus combinaciones, desde mujeres conservadoras hasta hispanas de mediana edad. Pero ¿cómo podemos conseguir una muestra tan equilibrada?

La opción ideal es escoger gente al azar, como decía antes, pero esto no es nada fácil. No se trata de elegir a cualquier individuo, pues aún no es un entrevistado, ya que no se le ha hecho la entrevista. Una muestra aleatoria exige que todos los votantes de Pensilvania tengan la misma probabilidad de ser entrevistados, como si cada uno fuese la bola de un bombo de lotería. Si sacas un número suficiente de bolas-persona, acabarás con una proporción correcta de hombres, ricos, señoras de mediana edad con estudios de posgrado, etcétera. Pero este es un requisito muy exigente. Cuesta mucho tener una muestra representativa. Si el Partido Demócrata hace una encuesta a 10.000 seguidores en Twitter, su resultado no servirá de nada, porque la contestarán un montón de demócratas. ¿Y si pagan a la plataforma para que encueste a usuarios aleatorios? Tendrán una muestra mejor, pero todavía sesgada, porque los usuarios de Twitter no son idénticos a la población general; serán más jóvenes, más ricos, quizá más «modernos». Salir de internet tampoco asegura una solución. Entrevistar a gente a voleo por la calle tampoco sirve, porque dependiendo del barrio habrá gente más rica, más mayor o más lo que sea.

La solución tradicional ha sido hacer encuestas telefónicas. Era casi perfecto: podías marcar números de la guía al azar y todo el mundo (con teléfono) tendría la misma probabilidad de estar al otro lado. La situación se parecía bastante a ese bombo de bolas-persona que mencionaba como un ideal. Durante décadas las encuestas telefónicas se hicieron con gran éxito, aunque este método todavía conllevaba dos sesgos potenciales. Por un lado, había que lidiar con un «sesgo de muestreo» residual. Habías conseguido que el teléfono sonase en casas al azar, pero si descolgaban más veces las amas de casa, por poner un ejemplo, en tu encuesta tendrías demasiadas. De manera que debías estudiar tus llamadas para ver qué tipo de gente faltaba o sobraba.

El otro problema era aún más delicado: como responder una encuesta es voluntario, podías tener un «sesgo de no respuesta». Si las personas que se negaban a contestar tus preguntas eran diferentes (de media) a la gente que sí las contestaba, los resultados de tu encuesta se podían desviar de la realidad. Tenías que asumir que quienes respondían representaban a aquellos que no lo hacían, pero eso no siempre será cierto. Piensa, por ejemplo, en las personas cautelosas por temperamento: ¿puede ser que respondan menos encuestas y que voten con mayor frecuencia por partidos conservadores? Es plausible, y, si eso fuese así, significa que te faltarían votantes conservadores.

En resumen: tienes que asumir que conseguir muestras es tremendamente difícil. Aunque, por suerte, no todo son malas noticias al respecto: ¿y si te dijese que es posible predecir elecciones entrevistando a un grupo de personas tan particulares como los jugadores de Xbox?

II

Predecir el voto de Estados Unidos encuestando solo a jugadores de Xbox suena raro: ¿pueden ser una muestra representativa? Ni de lejos. En ese grupo faltará gente de todo tipo, empezando por mujeres y mayores. Según datos de la compañía, en 2012 la mayoría de los jugadores eran jóvenes (65 %) y nueve de cada diez eran hombres (93 %). Sin embargo, un estudio de 2015 demostró que el reto era posible: haciendo entrevistas a jugadores de Xbox, podías predecir las elecciones con tanta precisión como con encuestas convencionales.

El estudio se lo debemos a dos estadísticos de la Universidad de Columbia, Wei Wang y Andrew Gelman, que trabajaron con dos investigadores de Microsoft, y usaron esa plataforma de videojuegos para hacer una encuesta antes de los comicios presidenciales de 2012. Consiguieron respuestas de 345.000 personas, que es una de las muestras más grandes que se conocen, y que, de hacerse por teléfono, habría costado cientos de miles de euros. Una ventaja de las encuestas que se hacen a través de internet es que son baratas. Pero si una muestra es mala, da igual que sea grande o pequeña, no sirve de nada. Si la muestra está desviada, sus predicciones estarán desviadas. Y esta estaba desviada. Tenía demasiado hombres, demasiados jóvenes, demasiados universitarios y demasiada gente que no se define ni como demócrata ni como republicana. Los datos en bruto del sondeo de Xbox eran un pronóstico pobre. Predecían una victoria del republicano Mitt Romney por diez puntos de margen, 55% a 45%, mientras que las encuestas convencionales daban una ligera ventaja a Barack Obama, que ahora sabemos que ganaría esas elecciones por 51% a 47% en el voto popular.

¿Cómo se las ingeniaron Wang y compañía? Lo que hicieron, en esencia, fue usar una fórmula de ponderación.* Emplearon un método para dar distinto peso a diferentes entrevistados, de manera que la muestra de Xbox «imitase» a la población general y fuese más representativa. Es una idea sencilla: si conoces algunos sesgos en tu muestra, puedes dar diferente importancia a distintos entrevistados para corregirlos. Así, si en la muestra de Xbox solo había un 7% de mujeres, pero sabes que deberían ser la mitad de los votantes, puedes dar más valor a sus respuestas (siete veces más) y menos a las de los hombres (la mitad), de manera que en una media ponderada las opiniones de ambos grupos pesarán lo mismo en tus resultados.

Estos procedimientos se complican un poco cuando tienes que considerar grupos cruzados (por ejemplo: mujeres jóvenes,

---

* Estas técnicas son una de las herramientas que en España llamaríamos «cocina», que es como nos referimos a cualquier método (más o menos riguroso) que usa un encuestador para producir mejores predicciones a partir de sus datos brutos.

blancas y sin estudios), pero no demasiado. Existen técnicas como la calibración, el *raking* o, como en el trabajo de Wang, un método útil con un nombre terrorífico —*multilevel regression and poststratification*—, que en el mundillo llaman «Mr. P». Es una forma de ponderación que divide a la población en muchos grupos, o «celdas», cuyo tamaño conoces a priori. En el estudio de Xbox dividieron a los votantes para todas las combinaciones de sexo (2 categorías), raza (4), edad (4), educación (4), territorio (51), identificación partidista (3), ideología (3) y voto en 2008 (3), para dar un total de ¡176.256 celdas! A partir de ahí, lo que hace Mr. P es usar el tamaño real de esos grupos —que conoce gracias al censo y a otras encuestas— para saber cuáles estaban hinchados y cuáles estaban subestimados en la muestra original, y poder darles luego a los entrevistados de cada celda el peso correcto. Mr. P es capaz de convertir una muestra deformada en una representativa —al menos por sexo, raza, edad y todas esas variables medibles—. Y, usando esa técnica, Wang y Gelman demostraron que podían predecir elecciones igual que con encuestas convencionales.

Es una idea que podemos copiar: cuando trabajes con una muestra que sospechas que no es perfectamente representativa —da igual si son personas, coches o tornillos—, piensa que puedes mejorarla si usas algún tipo de ponderación.

¿Recuerdas a los votantes blancos sin estudios del principio del capítulo? Los sondeos de 2016 fallaron en Estados Unidos porque en sus muestras faltaba la opinión de esas personas. Pero ese problema se podría haber evitado usando una ponderación que elevase la voz del grupo hasta el volumen que le correspondía en realidad. Un análisis de *The New York Times* demostró que era así, y que ponderar por nivel educativo reducía efectivamente el error de los sondeos de ese año. Por desgracia, la mayoría de empresas encuestadoras no usaban esa técnica en 2016, aunque casi todas la adoptaron unos meses después.

CUARTA REGLA

Asume que atribuir causas es difícil

Correlación no implica causalidad

Donde nos preguntamos si hay que prohibir los helados. Luego lanzo un aviso: atribuir causas a las cosas es tremendamente difícil, aunque no lo parezca.

I

¿Debería prohibirse la venta de helados para combatir el crimen? Lo cierto es que ambas cosas pueden asociarse, porque se ha observado que hay más asesinatos cuando suben las ventas de helados. Aun así, no parece probable que estos sean la causa de un incremento de homicidios. Al contrario, los helados asesinos ilustran el consejo estadístico más famoso de todos:

Correlación no implica causalidad.

Usamos esta frase para expresar que no podemos deducir una relación de causa-efecto entre dos variables solo por haber observado una asociación entre ellas. Que la venta de helados coincida con los asesinatos no significa que los estén causando. Darlo por seguro es una falacia lógica, con expresión propia desde el tiempo de los romanos: «Con esto, por tanto a causa de esto». Que dos cosas ocurran a la vez no significa que una cause la otra. Es una idea sencilla, pero nos resultará útil elaborarla un poco para comprender que atribuir causas es en realidad un lío tremendo.

Lo primero que tenemos que distinguir son los conceptos en juego: asociación y causalidad. Decimos que dos variables están *asociadas* cuando no son estadísticamente independientes; es decir, cuando conocer el valor de una te da información sobre la otra. Si te digo que tengo una amiga que es jugadora profesional de baloncesto, por ejemplo, puedes asumir que probablemente será alta, porque ambos factores están asociados. En cambio, saber que soy zurdo no te dice nada sobre mi edad, porque son dos cosas por completo independientes.

La causalidad es un concepto más complicado. *The Oxford Handbook of Causation* tiene 770 páginas y es un texto filosófico, pero aquí nos valdrá una aproximación a la definición: consideramos que una variable es *causa de otra* cuando un cambio en la primera hace cambiar la segunda. Por ejemplo, podemos decir que el tabaco causa cáncer, porque cuando una persona fuma aumenta su probabilidad de enfermar. Ayuda mucho pensar en la idea de los mundos contrafácticos. Imagina que se nos ha muerto una planta y sospechamos que fue por no regarla. La forma ideal de demostrarlo sería retroceder en el tiempo y alterar la historia cambiando solo ese detalle: regarla. Si la planta sobrevive en ese universo contrafáctico, podremos concluir que la falta de agua fue una causa de su muerte. Pero como viajar atrás en el tiempo no es posible, las preguntas sobre causalidad son complicadas, no pueden resolverse con total certeza y tenemos que usar trucos enrevesados para investigarlas.

Armados con estas dos definiciones, volvamos a la máxima según la cual correlación, que es un tipo particular de asociación, no implica causalidad. ¿Por qué tenemos que recordarnos eso? ¿Qué nos hace confundir ambas cosas? Nos engaña que algunas asociaciones sí salen de una relación causal. En ese sentido la implicación funciona: si A causa B, se induce una asociación potencial entre ambas por su tendencia a estar relacionadas, de manera que algunas asociaciones sí son la prueba de una relación de causalidad. El suelo mojado está asociado con los accidentes de tráfico, por ejemplo, porque el primero causa los segundos. El problema reside en que no todas las asociaciones señalan una relación así. Las asociaciones pueden originarse por otros cuatro motivos:

1. *Por una causalidad invertida.* A veces A y B están asociadas no porque A cause B, sino porque B está causando A.

$$A \leftarrow B$$

2. *Por una causa común.* Si A y B tienen una causa común Y, esta puede generar una asociación indirecta entre las dos variables, porque las alterará a la vez.

$$Y \rightarrow A \ y \ Y \rightarrow B$$

3. *Por una colisión.* Si A y B tienen una consecuencia común Z, lo que llamamos un *collider* en la tercera regla, y se fija su valor, se genera una asociación indirecta entre A y B.

$$A \rightarrow |Z| \ y \ B \rightarrow |Z|$$

4. *Por mala suerte.* Por último, puede pasar lo que veremos en la quinta regla, que A y B se asocien simplemente por azar, es decir, que sus valores se alineen por casualidad pura y dura.

A continuación veremos ejemplos de estos errores comunes, como el que se atribuye a los aborígenes de las islas Vanuatu, un archipiélago volcánico de Oceanía.

II

Se dice que los vanuatuenses pensaban que tener piojos te hacía estar sano. Los consideraban terapéuticos, capaces de curar, porque es lo que habían observado: que las personas con piojos estaban sanas, mientras que las demás a menudo estaban enfermas. Veían una asociación real, pero interpretaban la causalidad al revés: los piojos no te protegen, lo que pasa es que cuando alguien enferma, le sube la fiebre y los piojos se mudan a otro hospedador.

Este ejemplo sencillo basta para demostrar que, cuando quieras constatar una hipótesis causal, del tipo A causa B, nunca te bastará con observar A y B, sino que tendrás que razonar sobre causas plausibles y teóricas explicaciones.

Con los cuerpos de los atletas existe una confusión similar. Cuando ves a los nadadores olímpicos por televisión, es tentador pensar que nadar mucho te hará tener un cuerpo como el suyo, pero la causalidad no va solo en ese sentido. Los nadadores de élite no tienen ese cuerpo solo por haber nadado mucho, sino que en parte son nadadores por *haber nacido con ese cuerpo*. Basta con mirarles la talla de los pies. El mejor de la historia, Michael Phelps, gastaba un 48,5, que es un pie normal en su competición, y el australiano Ian Thorpe calzaba un 17 americano, que ni aparece en las tablas de conversión europeas. No tienen esos pies gigantescos por ser nadadores, sino que son nadadores de éxito en parte gracias a esos pies, como si hubiesen nacido con aletas.

III

Volvamos a los helados. Hemos visto que su venta y los homicidios aumentan al mismo tiempo, pero tenemos que decidir si esa asociación es causal. ¿Vender helados puede provocar asesinatos o la relación se explica de otra manera? Estamos ante el segundo tipo de espejismo, que es el más frecuente. La asociación existe, pero la está creando una tercera variable, lo que llamamos un «factor de confusión»; la causa simultánea del aumento de los homicidios y de las ventas de helados. ¿Se te ocurre qué puede ser?

La misteriosa variable es el calor. El aumento de las temperaturas hace que se vendan más helados, como es fácil de explicar, pero además se ha observado que en días tórridos se multiplican los comportamientos violentos. Pasa con pequeñas cosas, como pegar bocinazos o insultar en las redes sociales, pero también con violaciones, asaltos y asesinatos. Si añadimos la variable «calor» al diagrama causal, el resultado sería este:

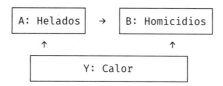

Lo que avisa este esquema es que la asociación entre helados y homicidios puede tener su origen en el calor, una causa común capaz de mover ambas variables a la vez. Si al subir las temperaturas aumentan las ventas de helados y los homicidios al mismo tiempo, ambas cosas se verán *asociadas*, aunque no las vincule una relación de *causa-efecto*.

Cuando encuentres una asociación entre dos cosas, plantéate si hay factores de confusión. En lugar de un vínculo de causa-efecto, ¿puede ser que estés observando dos consecuencias de una tercera variable omitida?

Estos factores de confusión son un espejismo habitual a la hora de confundir correlación y causalidad. Podemos encontrar muchos ejemplos en el libro *Causal Inference: What If?*, del epidemiólogo de Harvard y experto en causalidad Miguel Hernán junto con M. Robins, que es un texto estupendo para profundizar en este tema. Así, ambos autores explican los problemas que surgen al estudiar las consecuencias adversas de una medicina. El efecto de un medicamento («aspirina») sobre el riesgo de sufrir cierta enfermedad («infarto») estará confundido si padecer una patología previa (como «problema cardiaco») es causa al mismo tiempo de la enfermedad y de que te receten ese medicamento.

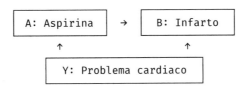

Como afirman Hernán y Robins, para pensar sobre problemas de causalidad es útil hacer este tipo de diagramas. En los casos de confusión, lo que vemos es que hay dos caminos de asociación entre el tratamiento (A) y el posible resultado (B), uno directo (A → B) y otro creado por la causa común (A ← Y → B). En esta situación, es imposible concluir que A causa B, aunque los datos digan que ambos están asociados, porque ese vínculo podría estar creándolo Y. Pero ¿y si Y no existiese? Entonces sí podríamos asumir causalidad… y ese es precisamente el truco que usaremos.

IV

Supongamos ahora que una investigadora quiere responder la siguiente cuestión: «Que un peatón levante la cabeza y mire al cielo ¿hace que otros peatones lo imiten?». Lo que quiere saber es si la acción «mirar hacia arriba» provoca el resultado «otra gente mira también». Para averiguarlo, nuestra investigadora decide realizar un estudio observacional. El experimento es simple: consiste en mirar a muchas personas mientras caminan por la calle. Podéis imaginar a sus estudiantes siguiendo a la gente y anotando lo que pasa cuando alguien mira al cielo: ¿lo hacen después los transeúntes vecinos? Los alumnos dedican un verano a recoger los datos en una hoja de cálculo. Al acabar, la investigadora los cruza y encuentra que, efectivamente, hay una asociación positiva entre ambas acciones: cuando un peatón mira hacia arriba, es más probable que también lo haga un segundo peatón. Pero los estudiantes observaron otra cosa: se fijaron en que muchas veces los peatones miraban al cielo porque habían escuchado un trueno, y eso podía confundir los motivos del segundo peatón para levantar la vista: ¿lo hacía por imitación o porque también había oído el ruido? La investigadora tiene un problema. El efecto de «alguien mira hacia arriba» puede estar confundido por el de «se oye un ruido». El diagrama es así:

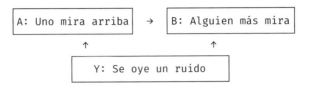

¿Qué puede hacer la investigadora? Necesita saber si la asociación entre A y B ocurre porque Y está causando ambas acciones. Es un problema que se enfrenta con técnicas estadísticas formales, como lo que llamamos «condicionar» o «controlar» por una variable. Pero no necesitas matemáticas para entender el concepto: la clave está en apagar el factor de confusión. Si fijamos su valor de manera que no varíe, no podrá confundirnos. En este ejemplo es fácil aplicarlo, basta con pedir a los estudiantes que en sus notas añadan la información de si se oyó un ruido fuerte en el cielo. Así podrán dividir las observaciones en dos grupos: las que ocurren tras un trueno y las que no; estarán fijando el valor de Y en «Sí» o «No».

Las observaciones sin ruido sirven para decidir si A causa B. En el nuevo esquema, la única fuente de asociación entre «uno mira hacia arriba» y «alguien más mira» es que A esté causando B. Por tanto, si en las observaciones sin ruido encontramos una asociación, podremos concluir que A está causando B.*

---

* O, siendo cautos, que A y B siguen asociados con independencia de que haya o no ruidos, ya que siempre puede existir otro factor de confusión en el que no hayamos pensado.

Para evitar confusiones, aprende a condicionar. Comprueba si la asociación que estás observando entre A y B sigue ahí cuando fijas la variable que podría ser una causa común de ambas.

Explicar las técnicas para controlar o condicionar por una variable escapa el propósito de este libro. Pero el principio es intuitivo y se puede aplicar usando unos simples gráficos.

Déjame poner un ejemplo numérico. El gráfico siguiente representa los datos de un centenar de futbolistas de varias ligas europeas que juegan en posición de centrocampistas. Cada punto es uno de ellos, de los que represento dos características: su valor en euros (según *Transfermarkt*), y el número de acciones

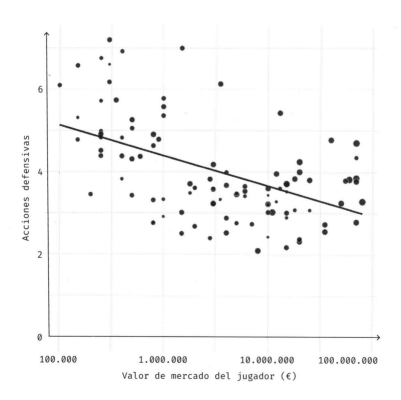

defensivas que llevaron a cabo el año pasado, sumando recuperaciones y movimientos de presión (según Driblab). Lo extraño es que la relación es negativa: los centrocampistas que mejor defienden valen menos. ¿No es raro? Lo lógico sería pensar que, a igualdad de todo lo demás, un mejor jugador será más caro. Debe haber algo que explique esta paradoja.

Una posibilidad es que el valor de los futbolistas resida en otro factor que no estamos considerando. Una variable omitida podría ser la calidad ofensiva del jugador. Imagina que los centrocampistas se dividen en dos grupos, atacantes y defensores. Si esas virtudes están en tensión (suele ser así), y además el mercado paga más por los atacantes (como ocurre a menudo), eso podría explicar la paradoja: los peores defensas serían los buenos atacantes, que serían en general más caros.

Pero no es lo que está pasando. Al hacer el gráfico filtré los jugadores y me quedé solo con centrocampistas puros, que participan tanto en ataque como en defensa. No obstante, para estar seguros, podemos *controlar* por la variable que nos preocupa, «ser atacante». Es algo que podemos hacer con un simple gráfico: tan solo dividiendo a los centrocampistas entre goleadores y no goleadores, para ver si al controlar por ese factor desaparece la asociación que estábamos viendo. No obstante, no es así, como podéis ver abajo, entre los no goleadores, que serán los más defensivos de nuestra muestra, pues los jugadores más caros siguen siendo los peores defensas.

Otra posible explicación es que la relación negativa que captura el gráfico sea una casualidad. Como veremos al hablar de la quinta regla, el azar puede crear espejismos cuando tenemos pocos datos, y en el gráfico solo hay datos de unas decenas de jugadores. Pero esa tampoco es la explicación en este caso.

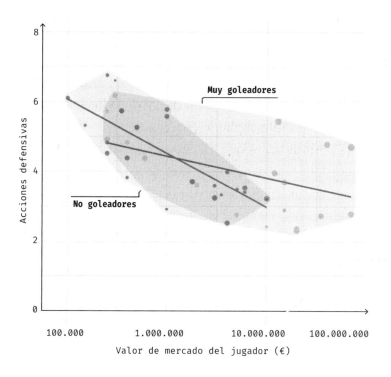

La solución al misterio está en otra característica de los futbolistas, una que he escondido: la liga donde juegan. Al hacer el primer gráfico, mezclé las de Finlandia, Austria y España, que son ligas con un nivel muy diferente. En las dos primeras, los centrocampistas recuperan más balones —no sé por qué—, pero los futbolistas realmente mejores y más caros están en la liga española. Competir en un país o en otro es un factor de confusión y crea una asociación engañosa. Podemos verlo con otro gráfico, el que sigue, ahora *controlando por liga*, es decir, separando los jugadores de cada competición. Al hacer eso, la paradoja desaparece: los centrocampistas *de una misma liga* que mejor defienden sí tienden a ser los más caros. No distinguir entre jugadores de distintas ligas está creando un espejismo severo. No solo eclipsa la asociación cierta que vemos ahora —los mejores defensas son más caros—, sino que crea una asociación falsa en sentido contrario. Es un caso extremo de confusión por causa común.* Los factores de confusión, como estos que hemos visto, son la principal fuente de dolores de cabeza al estudiar relaciones de causa-efecto. Hemos visto una forma de enfrentarlos, que consiste en seguir un proceso iterativo en el que vas haciendo de abogado del diablo contra tu propia hipótesis. Cuando encuentras una asociación entre A y B que crees que podría ser causal,

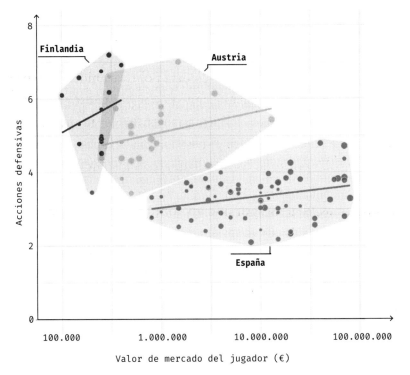

* A estas situaciones se las llama a menudo «paradoja de Simpson» porque son llamativas, aunque no es un buen nombre, como explica Miguel Hernán en «The Simpson's paradox unraveled». Primero, porque la paradoja ya se conocía desde mucho antes; segundo, porque el artículo famoso de E. H. Simpson no incluye un caso de asociación invertida; y tercero, porque el argumento central de Simpson es otro: explicar que no basta con el razonamiento estadístico para extraer conclusiones causales.

tienes que preguntarte qué variables podrían estar confundiéndote. ¿Qué puede ser una causa común de A y B e inducir una asociación indirecta? Tu labor como analista es pensar la lista de variables potencialmente engañosas y comprobar que no te confunden.

Pero, cuidado, porque este método es una de esas medicinas que resulta perjudicial cuando se usa en exceso.

V

Si has estudiado econometría, ciencia política, epidemiología o estadística, o si has trabajado con modelos estadísticos alguna vez, este procedimiento de introducir controles te resultará familiar, quizá demasiado. En el pasado, una práctica habitual ha sido controlar por todo lo imaginable, con la lógica de que más vale prevenir que curar. Si controlar un factor de confusión evita problemas, piensas: ¿por qué no controlar por todas las variables de las que tengo datos y así curarme en salud? Richard McElreath, antropólogo y autor de un libro estupendo sobre estadística bayesiana, se refiere a esta práctica como hacer una «ensalada causal». Y es mala idea.

Cuidado con la ensalada causal: no controles a lo loco.

Pongamos un ejemplo. Supón que tenemos la hipótesis de que los buenos deportistas son peores en matemáticas. Para comprobar si eso es cierto, nos hemos hecho con una base de datos con los resultados académicos y deportivos de miles de estudiantes universitarios de Estados Unidos. Nos fijamos en las notas de los buenos deportistas y confirmamos que sí, que efectivamente sus resultados en matemáticas son peores que los de la media. Sin embargo, ahora sabemos que eso no basta para sacar conclusiones. ¿Y si hay una variable omitida? Piensa en el siguiente esquema:

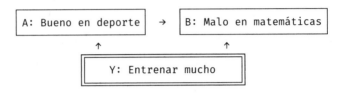

Es razonable pensar que «entrenar mucho» te ayudará a ser un buen deportista y que al mismo tiempo te quitará tiempo para estudiar. Esta variable podría ser un factor de confusión, porque puede causar A y B. Querremos controlar por esa variable y comprobar si, entre los estudiantes que dedican las mismas horas a entrenar, los mejores deportistas son peores en matemáticas o no. Siguiendo esa lógica, nos tentará controlar por todas las variables en nuestra base de datos. A lo mejor las chicas son mejores en matemáticas y peores deportistas, así que deberíamos controlar por género. Quizá influyan otras cosas, como la carrera que estudian o que vayan a una universidad de élite. Parece razonable introducir controles por cada variable que se nos ocurra y evitar así cualquier confusión.

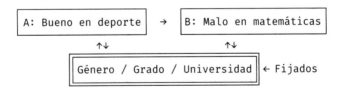

Por desgracia, ese «atajo» es una fuente de dramas. Cuando decides controlar por todo, sí, estarás reduciendo al mínimo la posibilidad de que una variable omitida genere una asociación indirecta entre A y B, eso es cierto. Pero este proceso tiene un coste, porque controlar por una variable también puede producir un engaño.

¿Te acuerdas del sesgo de colisión? Al hablar de la tercera regla, llamamos así a las variables que son una consecuencia común de A y de B. Pusimos el ejemplo de Harvard. Dijimos que las personas que van a universidades muy selectivas son especiales, porque destacan por ser buenos deportistas o buenos estudiantes; son seleccionados por esas habilidades. Eso hace que entre ellos exista claramente una asociación negativa: los mejores alumnos tenían un rendimiento físico más normal, por tanto eran peores que la media de Harvard, donde hay un montón que son buenísimos, admitidos justo por eso. Los estudiantes de Harvard son una muestra sesgada por selección, y esa selección hace que aparezca una asociación negativa entre su rendimiento académico y deportivo. ¿Cuál es el problema ahora? ¡Que *controlar* por la variable «universidad de élite» es hacer exactamente esa selección!: consiste en separar dos muestras sesgadas, la de universidades tipo Harvard y la del resto, y eso genera una asociación que no tiene que existir en general. La advertencia es que nunca debemos condicionar un análisis por una variable que sea un factor de colisión (o que pueda serlo) porque puede inducirse una asociación. Y por eso tampoco debemos hacer ensaladas de controles, porque si controlamos por muchas variables al tuntún es bastante fácil que acabemos controlando por un factor de colisión.

Ahora recapitulemos.

Si en esta sección te has perdido, piensa que lo he hecho a propósito. Explicar los detalles del estudio de la causalidad excede mis capacidades, pero puedo darte un consejo de conocimiento negativo:

Actúa con cautela antes de asumir que sabes qué causa qué. Atribuir causas es dificilísimo, una tarea sin atajos ni automatismos: tendrás que razonar caso por caso.

Dice Richard McElreath que ninguna técnica estadística hace «nada por sí sola para resolver el problema básico de inferir causas», porque solo entienden de asociación. La causalidad es de momento un problema que exige intervención humana. Eres tú quien tiene que construir modelos causales razonables, con tus hipótesis sobre qué puede causar qué. A partir de ahí, los datos podrán decirte que algunos de esos modelos son más plausibles que otros, pero es raro que acabes con un solo ganador. Lo habitual es que haya varias explicaciones que son compatibles con las evidencias disponibles.

Cuando eso ocurre, hay dos opciones: si tienes prisa por tomar una decisión, deberás elegir tu explicación preferida —quizá usando un principio de precaución, u otro criterio razonable—. Si no la tienes, puedes plantearte usar la mejor arma que hay a nuestro alcance para investigar causalidad, que es el objeto del siguiente capítulo: los experimentos.

Haz experimentos con grupos de control

Donde hablamos de las pruebas que se usan para demostrar la efectividad de una vacuna, que son las mismas que empleamos los periodistas para escoger los titulares más atractivos.

I

La vacuna contra la COVID-19 se desarrolló en doce meses. La comunidad científica actuó con una celeridad nunca vista que salvó millones de vidas. Pero hay que aceptar una realidad: cuando, en diciembre de 2020, se aprobaron las primeras vacunas en Europa y Estados Unidos, ya hacía meses que esas vacunas existían. ¿Se podría haber empezado a inmunizar a las personas en mayo de 2020? Ahora sabemos que sí, y que eso hubiese evitado también miles de muertes, pero estaríamos omitiendo un detalle trascendental: por entonces no se había demostrado que las vacunas eran útiles y seguras. Tuvimos que esperar a obtener los resultados de los ensayos, esos experimentos controlados que protagonizan este capítulo.

La vacuna de Pfizer-BioNTech, que fue la primera aprobada en Europa, en diciembre de 2020, había empezado a desarrollarse muchos meses antes. El 10 de enero, un laboratorio chino secuenció el genoma del virus de Wuhan y lo compartió en un repositorio en internet accesible a la comunidad científica.

Al día siguiente, un puñado de investigadores se lanzaron a buscar una vacuna, antes de que el virus tuviese nombre y sin acercarlo a sus probetas, usando solo su código genético. En BioN-Tech cancelaron vacaciones y empezaron un proyecto llamado Velocidad de la Luz. La empresa alemana era creación de una pareja de científicos, Uğur Şahin y Özlem Türeci, un laboratorio pequeño y todavía sin productos en el mercado, pero que llevaba años trabajando con la tecnología mARN. En febrero, presentaron veinte vacunas candidatas contra el coronavirus y en abril, con medio planeta confinado, llegaron a un acuerdo con el gigante farmacéutico Pfizer para seguir el desarrollo. En ese momento la vacuna ya era una realidad, pero tenían que demostrar ante las autoridades sanitarias —y ante todo el mundo— que el suero funcionaba y no tenía efectos secundarios graves. Las pruebas de la vacuna de Pfizer-BioNTech entraron en su etapa definitiva en julio, con los ensayos clínicos de fase III, cuando la vacuna se probó en 43.000 voluntarios siguiendo un minucioso protocolo.

Lo que se hizo fue un *ensayo controlado y aleatorizado*. Estas pruebas se consideran el mejor método para demostrar una relación de causa-efecto entre un tratamiento (la vacuna) y un resultado (evitar la enfermedad sintomática). En el capítulo anterior aprendimos que investigar relaciones de causalidad es muy difícil si solo ves lo que pasa —con estudios observacionales—, porque se entremezclan los efectos de otras variables, pero los experimentos controlados evitan muchos de estos problemas.

Haz experimentos con grupo de control.

Un grupo de control es un contrafáctico artificial. En el caso de la vacuna, la idea es dividir por sorteo en dos grupos a todos los participantes del ensayo, sin que nadie sepa cuál le ha tocado. La gente que acabe en el grupo de tratamiento recibirá la vacuna, mientras que la del grupo de control —que va a servir de referencia— recibirá el pinchazo de un placebo (sin efecto alguno). La clave es que los dos grupos serán parecidos en todo: personas de edades similares, con una distribución de renta similar, parecidos por sus enfermedades crónicas y por sus contactos sociales.* Además, les afectará por igual cualquier cambio de circunstancias. Si el virus muta y se vuelve más grave, eso repercutirá tanto en el grupo de control como en el de tratamiento. Ambos serán iguales en todo salvo en el detalle que nos importa: unos estarán vacunados y otros no. De esa manera, si en el grupo de los vacunados se registran diez veces menos infecciones sintomáticas, podremos atribuírselo a la vacuna, porque es lo único que lo diferencia del grupo de control. Así pasó con el ensayo de Pfizer-BioNTech.

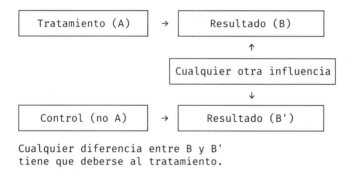

Cualquier diferencia entre B y B'
tiene que deberse al tratamiento.

Demostrar la efectividad de las vacunas resultó sencillo teniendo un experimento controlado. Bastó en realidad con un

---

* La aleatorización es importante para lograr esto. No es suficiente con vacunar a un grupo de voluntarios y luego compararlos con el resto de la gente, porque los primeros podrían ser especiales: quizá sean personas muy preocupadas por enfermar, que se contagiarán menos aunque la vacuna no haga nada.

gráfico, que muestro a continuación y que es el más importante de la última década. Representa los casos de COVID-19 que se fueron acumulando en personas de los grupos de tratamiento y control.

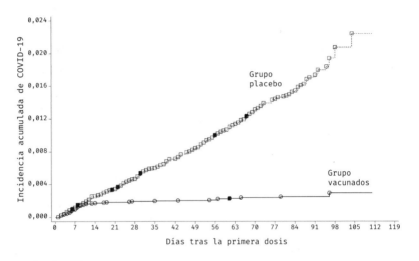

Fuente: FDA

Si la vacuna no funcionase, lo que veríamos son dos líneas que irían creciendo en paralelo, como de hecho ocurrió al principio, justo después de administrar la primera dosis; se detectaban más o menos los mismos casos entre vacunados y no vacunados, porque entonces el suero aún no tenía efecto. Sin embargo, las curvas divergieron durante la segunda semana: la gente del grupo de control seguía enfermando a ritmo casi constante, pero entre los vacunados apenas había nuevos infectados. La vacuna funcionaba.

Los experimentos controlados revolucionaron la medicina del siglo XX y se convirtieron en el método estándar para comprobar los efectos de fármacos y tratamientos. Después se han usado en ingeniería, desarrollo de software, marketing y casi cualquier disciplina. En 2019, los economistas Esther Duflo, Abhijit Banerjee y Michael Kremer ganaron el llamado Premio Nobel de Economía por luchar contra la pobreza global usando estos experimentos, «una nueva forma de obtener respuestas confiables», según el comité sueco. En lugar de armar grandes teorías y usarlas para decidir qué políticas desarrollar, lo que propusieron fue elegir problemas concretos, aplicarles ciertas soluciones y ver cómo iba sobre el terreno. Por ejemplo, Banerjee y Duflo ensayaron un tipo de tutorías para ayudar a los niños pobres de la India con el fin de que no se descolgasen en la escuela, demostrando que la medida funcionaba, al contrario que otras, y gracias a aquellos estudios millones de niños se han beneficiado de programas similares.

Los críticos de estos investigadores suelen decir que sus resultados no serán siempre generalizables. ¿Pueden estar seguros de que una acción que funcionó en unas aldeas del norte de la India podrá aplicarse con éxito también en un barrio de Medellín? Quizá no, porque el contexto puede ser relevante, pero la crítica es exagerada: saber que funcionó en la India es mejor que nada. Si menciono la crítica es porque es habitual, aunque endeble en general, especialmente cuando nos alejamos de las grandes políticas públicas y pensamos en las pequeñas decisiones que muchos tomamos en nuestros trabajos. En el mío, por ejemplo, sacamos partido de los experimentos para una tarea muy sencilla: elegir titulares.

II

Ser periodista en 2022 consiste en descubrir hechos verídicos y lograr que alguien les preste atención. Pero esto último se ha vuelto tremendamente difícil. Primero, porque la información ahora es abundantísima. Y segundo, porque las noticias han pasado a leerse en teléfonos móviles, que son unos dispositivos fantásticos, pero en los que se libra una batalla tremenda por nuestra atención. Hace treinta años, el lector de un periódico de papel no tenían más alternativa que leer tu noticia o pasar de página. En cambio, cuando navegas por la portada de *El País* en tu móvil, tienes mil alternativas: puedes escoger entre historias distintas, pero también abrir WhatsApp y hablar con amigos, mirar Twitter, comprobar tu correo, escuchar un pódcast, leer un libro, hojear otros tres periódicos o intentar cerrar una cita en Tinder. La competencia es salvaje. Por eso, captar la atención se ha vuelto crítico. Un buen periodista necesita buena información, pero también tiene que ser capaz de responder a la primera pregunta del lector: ¿por qué debería importarme esto que cuentas? No basta con escribir con rigor de temas útiles o relevantes, además hay que buscar formas honradas de despertar interés. Por eso el titular es hoy más importante que nunca.

Hagamos una prueba. Te voy a proponer dos titulares para un artículo que escribí en 2021, unos días antes de las elecciones catalanas de ese año, donde analizaba las últimas encuestas. ¿Cuál crees que despertó más interés entre los lectores?

1. «El 14-F se dirime entre indecisos y la abstención».
2. «Así están las encuestas en Cataluña».

El primero es un titular informativo clásico, que te dice que los indecisos y la abstención eran importantes, pero que no da pistas sobre la forma del artículo ni aclara si es una columna de opinión o un análisis de datos. El otro titular no informaba, pero describía más claramente lo que ibas a encontrar si hacías clic:

encuestas. Ese segundo titular era mucho más efectivo. Con el mismo texto, escrito por la misma persona, en el mismo medio, el mismo día y en la misma posición de portada, si cambiabas el primer titular por el segundo conseguías un 150 % más de lectores, entre el doble y el triple solo por ese detalle.

Lo sé porque hice el experimento. En la prensa hacemos test A/B de titulares: elegimos varios alternativos para una noticia y se muestran al azar en la web del periódico. Basta esperar unos minutos y contar cuánto se ha clicado cada titular para saber cuál despierta mayor interés. Es un método sencillo, pero tremendamente útil.

El consejo es generalizable: si puedes reforzar tus decisiones con pruebas sobre el terreno, hazlo.

Los test son útiles en especial para decisiones que debes tomar obligatoriamente. Yo tengo que escribir titulares cada día, y es genial disponer de una herramienta que los mejora en un 30 % sin esfuerzo. Por poner otro ejemplo, puedes pensar en lo que hacen algunas cadenas de supermercados. Supón que tienes que decidir entre seguir vendiendo cerveza de una marca o sustituirla por otra, que es más cara pero que crees que puede venderse igual, haciendo que ganes más dinero. Podrías encargar un estudio de mercado muy sofisticado, pero muchas veces lo más fácil es hacer una prueba piloto: vendes la marca nueva en unos pocos supermercados al azar y compruebas empíricamente si, en efecto, ganas más dinero. Muchos trabajos ofrecen oportunidades para experimentar, ya sea con titulares, con marcas de cerveza o con el precio de las habitaciones de un hotel.

Otra ventaja de los experimentos es que te sirven de entrenamiento. Son especialmente útiles, en realidad, para desaprender. Nuestras ideas nos parecen todas buenísimas, y por eso es fantástico ponerlas a prueba: si te demuestran empíricamente que estás equivocado, quizá cambies de opinión. En mi caso, después de poner muchos titulares y testarlos, he detectado algunos patrones que suelen funcionar. He comprobado, por ejemplo, que cuando tienes una información que interesa a los lectores el mejor titular es un anuncio claro. Es lo que pasa en este segundo test. Son dos encabezamientos bastante buenos, pero uno se clicó el doble que el otro. ¿Sabrías decir cuál?

1. «¿Quién va ganando las elecciones según las encuestas?».
2. «¿Quién va ganando las elecciones del 10-N?».

En el primero incluí a la fuerza la palabra «encuestas» y el test lo dio como claro ganador. Pero es lógico. Cuando se acercan unas elecciones, nuestros lectores quieren leer sobre las encuestas. El primer titular dejaba claro que eso es lo que encontrarías al hacer clic, y por eso tuvo más éxito.

Otra cosa que aprendí haciendo test es que muchos titulares típicos de la era del papel no funcionan en la web, aunque en mi cabeza suenen bien. Lee estos dos; se cumplía un año de pandemia y escribí un texto largo contando los primeros días de crisis, cuando el virus se propagó por España:

1. «Cronología de una epidemia explosiva».
2. «¿Qué salió mal? Cronología de una epidemia explosiva que arrolló España».

Tenía claro que había dos palabras clave, «cronología» y «epidemia», y además quería usar «explosiva», porque si tienes una historia que justifica un adjetivo así, deberías usarlo. El primer titular fue mi primera opción; era corto, uno típico del papel, donde el espacio escaseaba y donde no había que hacer clic para seguir leyendo, lo que ha sido un cambio trascendental. En el periódico en papel los titulares podían ser sucintos, porque si el lector quería saber más sobre el artículo antes de decidirse a leerlo le bastaba con desplazar la mirada unos milímetros para encontrar el subtítulo, la foto y el texto completo, que venía justo al lado. En la versión digital los titulares cumplen una función diferente, más importante, porque a menudo existen solos, en la web del periódico o compartidos por redes sociales: son lo único que ves antes de decidir si clicar y leer. Por eso en la web funcionan titulares más largos, más claros y menos ingeniosos. El segundo intentaba eso y se clicó un 60 % más. Usaba una fórmula interrogante que muchos viejos periodistas critican, pero que yo defiendo con argumentos variados. En esta ocasión, la pregunta («¿Qué salió mal?») servía para despertar interés. Ponía una incógnita en la cabeza del lector, que siempre es útil —si no sabes nada de pulpos, te genera más curiosidad un enigma («¿Por qué son tan listos los pulpos?»), que una afirmación («Los pulpos son listos»)—. En ese caso, la pregunta también era un anticipo y una promesa: algo había salido mal y te lo íbamos a contar.

III

Aplicar estos test a los titulares me resulta muy útil para ayudarme a escogerlos, pero es importante darse cuenta de que no deciden por mí. Todos los títulos alternativos los elijo yo para que sean precisos, rigurosos y fieles al contenido del artículo, porque son los atributos que necesita un buen titular, pero que el test es incapaz de juzgar por sí solo. Un titular que sea falso puede recibir muchos clics, aunque será evidentemente un mal titular. También son malos titulares los que prometen algo que el artículo no ofrece. «Todo lo que necesitas saber sobre X» es inaceptable si luego resulta que tu texto apenas toca la superficie del tema en cuestión. A esos artículos los llamamos *clickbait*, poner un cebo para pescar lectores. Pero es importante darse cuenta de que el defecto no está en los titulares, por ser muy atractivos —¡eso es bueno!—, sino en los artículos, que son malos. Y eso es algo que un test no puede detectar: te dirá que el título es bueno porque la gente lo clica, sin saber que después los lectores se sienten estafados.

Este es un ejemplo de un error que evitar: no caigas en la trampa de pensar que los aspectos menos visibles de un problema son irrelevantes, porque solo son eso, menos visibles.

Un peligro cuando tienes ciertas evidencias a tu alcance es que estas te deslumbren y te impidan ver nada más. Desde muy pronto, en este libro he dicho que deberías medir todo lo que puedas, porque se toman mejores decisiones con datos que sin ellos, pero eso no significa que tengas que tomarlas *solo* con ellos. Debes pensar también en las características no cuantificadas de tu problema. El economista Richard Thaler cuenta un caso gracioso en su libro *Todo lo que he aprendido con la psicología económica*.

En 2002, el departamento de Economía de la Universidad de Chicago se mudaba a un nuevo edificio, y surgió el problema de asignar los despachos. Cuando el nuevo edificio era todavía un armazón metálico, se decidió que los profesores irían eligiendo por orden de mérito; así, armados con un plano y un

Excel con las medidas de cada habitáculo, los mayores expertos en economía del planeta fueron escogiendo sus despachos. Y lo que hicieron, en esencia, fue quedarse con los más grandes primero. La sorpresa llegó un año después, cuando los ocuparon y se hizo evidente que habían elegido mal: algunos despachos eran un poco más grandes, sí, pero habían ignorado por completo otras ventajas que ahora resultaban obvias. Por ejemplo, los catedráticos habían escogido el quinto piso antes que el cuarto, con la idea de que «lo más alto es siempre lo mejor», pero las vistas eran iguales y al quinto piso llegaban menos ascensores. También descubrieron que la cara norte tenía mejores vistas de Chicago, aunque nadie había pensado en eso. ¿Qué habían sobrevalorado todos? Los metros de superficie. En la práctica dos despachos de diecisiete y diecinueve metros cuadrados son casi iguales, pero este era el único dato que venía en su Excel, así que le habían dado una importancia exagerada, olvidándose de características menos visibles pero más importantes.

Corolario: no desprecies las correlaciones

Un minicapítulo donde defiendo las correlaciones. Veremos que tienen varias utilidades, una de ellas omnipresente: sirven para predecir.

Se ha repetido tanto el mensaje de que correlación no implica causalidad que ahora encuentro gente que se pasa de frenada y acaba despreciando por completo el valor de una asociación entre dos variables. Y esto es una exageración.

No debes despreciar las correlaciones.

La primera razón es que, *a veces, correlación sí es causalidad.* No todo son espejismos. ¿Por qué se correlaciona el peso con la altura de la gente? Porque ser más alto te hace pesar más. Las correlaciones son útiles aunque sea como pistas, como un primer paso para descifrar una relación causal.

La segunda razón es que *describir la realidad es útil en sí mismo.* Lo enfatizo porque es un malentendido común: que una asociación no sea causal no la hace irrelevante. Escucharás a mucha gente desdeñar estas relaciones, diciendo que cualquiera, la que sea, es totalmente espuria, o que está mediada por otra variable, como si eso la volviese falsa. No es así. Piensa en este ejemplo. Imagina que eres el dueño de una aerolínea barata cuyos principales clientes son jóvenes. Vuestros aviones contaminan igual que los demás y nunca habéis hecho nada especial a favor o en contra del medioambiente. Ningún cliente os ha elegido por vuestro posicionamiento en este tema, porque en verdad no tenéis ninguno. Sin embargo, sois una aerolínea barata, por eso os escogen muchos jóvenes, y como los jóvenes son más ecologistas, el resultado es que vuestros clientes son más ecologistas.

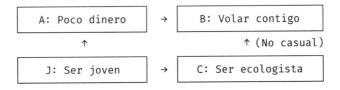

Esta asociación entre «ser ecologista» y «volar contigo» no es de tipo causa-efecto, sino que está mediada por las variables «ser joven» y «poco dinero». Tus usuarios solo son más ecologistas por ser jóvenes, por lo que, si comparas a tus clientes de treinta y dos años con los de la competencia, verás que son iguales. Pero eso no cambia el hecho esencial de que tienes clientes más ecologistas que las demás compañías, aunque sea por su edad. Y eso es relevante, porque, si sube la concienciación por el calentamiento global y la gente más ecologista deja de volar, tu empresa será la primera en sufrir las consecuencias.

Por último, hay una tercera razón para apreciar las asociaciones, que es la más importante: consiste en recordar que *para predecir no necesitas conocer la causa de nada.*

Piensa en una observación clásica. Se dice que tener libros en casa aumenta las probabilidades de que los niños vayan a la universidad cuando sean mayores. No es una relación de causa-efecto, porque los libros no hacen nada por los niños desde la estantería, pero que estén ahí dice mucho sobre sus padres y sus hogares. Poner libros en tu casa no *causa* que tus hijos estudien, pero que estén ahí sirve para *predecirlo*. Otra señal parecida son los posgrados académicos. Muchos bancos de Londres o de Nueva York contratan como analistas a personas que tienen un título de doctorado, aunque sea de Astrofísica o Biología, que nada tiene que ver con la tarea que desempeñarán para el banco. ¿Por qué lo hacen? En parte usan el título como indicador o proxy de otras características de esas personas que no pueden observar. Da igual si el doctorado no les ha enseñado nada útil para el puesto; haberlo terminado demuestra que son responsables, inteligentes, independientes o lo que sea, y algo de eso los hace buenos analistas; así, la decisión del banco es lógica. Que hayan cursado un doctorado sirve para predecir que serán buenos analistas.

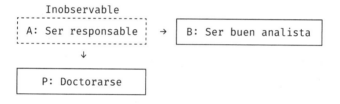

La clave está en distinguir dos tipos de predicciones. Por un lado, está la «predicción contrafáctica», lo que llamamos «inferencia causal» o «explicación», y que vimos en capítulos anteriores que es exigente. Consiste en usar datos para predecir ciertas características del mundo si este hubiese sido diferente. Por ejemplo, si me estoy planteando pagarle un doctorado a los analistas del banco que dirijo, tendré que averiguar si la relación anterior era de tipo causa-efecto. Es decir, ¿se volverán mejores analistas o no? Lo que quiero saber es que esas mismas personas, en un universo donde ahora hacen un doctorado, serán mejores comprando acciones, evaluando riesgos o lo que sea que hace mi departamento. Para responder esta pregunta no basta con saber que la gente con doctorado lo ha hecho bien cuando la hemos contratado, porque eso es una asociación. Tendré que hacer experimentos, pensar en factores de confusión y esos líos que ya hemos comentado.

Sin embargo, lo que solemos llamar «predecir» no exige tantas cosas. Consiste en conectar ciertas características del mundo (las entradas) con otras (las salidas) mediante asociaciones. Si hemos observado que las doctoras en Biología que contratamos en el pasado eran luego buenísimas analistas, y además tenemos una muestra grande y asumimos que el pasado y el presente son mundos similares, entonces podemos predecir sin miedo que si volvemos a contratar a una de esas doctoras será probablemente una buena analista. No necesito identificar las causas de nada: da igual si el doctorado le enseñó algo útil o si simplemente es una señal de sus capacidades, como un examen difícil. En casos como este, una asociación no causal es perfectamente útil, y sería absurdo ignorarla, aunque es lo que hace alguna gente despistada.

QUINTA REGLA

No desprecies el azar

Los sucesos regresan a la media

Donde aprendemos del error de un instructor de vuelo que se dejó engañar por el azar. Además planteamos un problema: ¿cómo podemos distinguir entre suerte y habilidad?

I

De niño estaba seguro de que crecería hasta ser más alto que mis padres. Mi generación es más alta que la suya, al igual que ellos fueron más altos que mis abuelos. En países como España, esta trayectoria fue clarísima durante décadas: los niños estaban mejor alimentados, los vacunábamos y les dábamos antibióticos, de manera que crecían más sanos y más altos. A eso se sumaba el hecho de que mi padre es un hombre bastante alto, así que la gente asumía que yo crecería hasta ser más alto aún. Siempre lo di por hecho… pero resulta que soy más bajo. No di el segundo estirón que yo esperaba. Aunque mido más que la mayoría de mi generación, mi altura ha *regresado a la media*. La lección de este capítulo la aprendí con una decepción, que es una de las formas más eficaces de aprender.

Todo regresa hacia la media. Después de un resultado extremo, lo más probable es un resultado menos extremo. A lo excepcional le sigue lo normal.

El ejemplo clásico de esta idea se la debemos a Daniel Kahneman, el psicólogo israelí que revolucionó nuestra forma de entender la intuición. Sus descubrimientos acabarían por granjearle el Premio Nobel de Economía de 2002, pero a finales de los sesenta Kahneman solo era un profesor joven con un encargo complicado: enseñar pedagogía a un grupo de instructores de vuelo del ejército de su país. Él no era ajeno al mundo militar,* como tampoco lo era ningún israelí de esa generación, pero no dejaba de ser un académico, bajito y con gafas, que empezó su clase diciendo a los instructores que para favorecer el aprendizaje debían usar premios y no castigos. Esto lo habrás escuchado más veces. Lo que les contó es que, en lugar de reñir a un cadete después de un mal ejercicio, lo que debían hacer era felicitarlo cuando lo hacía bien. Es lo que demostraban, les dijo, unos experimentos que se habían hecho con palomas. El ejemplo no gustó. Uno de los instructores negó con la cabeza y levantó la mano: «Con el debido respeto, señor, eso que dice será para los pájaros». El militar explicó que su experiencia era justamente la contraria: «En muchas ocasiones hemos felicitado a los cadetes por ejecutar limpiamente una pirueta acrobática y, en general, cuando vuelven a intentarlo lo hacen peor. En cambio, he gritado muchas veces a un cadete que ha hecho una mala ejecución, y suele hacerlo mejor a la siguiente. Así que, por favor, no nos diga que el refuerzo funciona y el castigo no, porque es justo al revés».

Kahneman entendió de golpe lo que estaba pasando. Fue el momento eureka más satisfactorio de su carrera, como contó el día que recibió el Nobel. El instructor creía que su mal genio

---

* Con veintiún años y un título en Psicología por estrenar, se encargó de diseñar un plan de selección de reclutas: con un par de pruebas, se decidía si irías a infantería, tanques, ingenieros o a cualquier otra división.

causaba los buenos resultados de sus alumnos, pero no era eso lo que estaba pasando. Era un engaño. El azar dicta que a un resultado anormalmente bueno o malo le siga (a menudo) otro más ordinario. Por eso, después de la mala pirueta de un piloto, lo esperable es que la siguiente le salga mejor, sin importar lo que diga su instructor. La secuencia que veía el militar era real, empeoraban o mejoraban como decía, pero se confundía al pensar que la causa eran sus gritos. Lo que ocurría, simplemente, es que los sucesos estaban regresando a la media.

Esta regresión es escurridiza en la vida real, aunque puede explicar muchas creencias, como el éxito de los productos homeopáticos. Si tienes un dolor que va y viene, y en el momento que más te duele tomas NADA®, lo más normal es que al día siguiente te encuentres mejor. Sentirás que funciona, aunque el dolor se te hubiese ido sin tomar nada. A veces es cierta una frase que se atribuye a Voltaire: «El arte de la medicina consiste en entretener al paciente mientras la naturaleza cura la dolencia».

Nuestros problemas con la regresión a la media son un ejemplo de un fallo más general: minusvaloramos la cantidad de cosas que ocurren sin motivo. No damos suficiente importancia al azar y nos precipitamos en sacar conclusiones. Somos máquinas fantásticas de esto último, a veces demasiado.

II

Las palomas de Kahneman demuestran que se nos da fatal pensar en procesos aleatorios. No obstante, en nuestra defensa hay que decir que el azar es un asunto complicado. Existe lo que podemos llamar un «problema fundamental del azar»:

Todo fenómeno observable tiene dos componentes, la sistemática, que son las regularidades que lo rigen, aquello que queremos conocer; y otra aleatoria, que es un ruido molesto. Ambas componentes están intrincadas y separarlas es difícil.

Mucha gente dedicada a entender la realidad se pasa el día lidiando con este problema, da igual si estudian el clima, la efectividad de una vacuna o la venta de videojuegos.

Los fenómenos puramente aleatorios son sencillos. Imagina que 10.000 estudiantes responden a ciegas un test de 100 preguntas de tipo verdadero o falso. Como están respondiendo al azar, sabemos que obtendrán unos 50 aciertos de media, aunque habrá alumnos con 15 y otros con 80. Ahora supón que a los estudiantes que han logrado 80 aciertos les hacemos responder otro test similar: ¿cuál crees que será ahora su nota media? Es tentador decir que 80, pero, cuidado: están respondiendo al azar. Obtendrán otra vez unos 50 aciertos, porque su nota regresará por completo a la media. El test no captura ninguna propiedad de los alumnos porque es puro ruido.

El otro caso extremo es un test donde no hubiese azar en absoluto, con resultados cien por cien sistemáticos. Imagina un test mágico que captura con total precisión el conocimiento exacto que tiene cada alumno sobre cierto asunto. Hacemos como antes: se lo pasamos a todos los estudiantes, separamos a los que logran 80 aciertos y les repetimos la prueba. ¿Qué nota sacarán ahora? En este caso, los alumnos con 80 aciertos volverán a tener exactamente 80 aciertos, porque la prueba no tiene componente aleatoria, sino que captura su habilidad con exactitud.

Los problemas reales son más complicados que estos dos

universos ficticios, porque existen entre medias, no son ni del todo sistemáticos ni del todo aleatorios. Pongamos que hago un test de verdad a alumnos reales. El examen va regular y los estudiantes obtienen una media de 60 aciertos. Entonces vuelvo a apartar a los que han logrado 80 aciertos y les paso otra prueba parecida, igual de complicada: ¿qué nota crees que sacarán ahora? ¿60? ¿80? Lo más probable es que saquen una puntuación intermedia. Si el test predice en parte la habilidad de los estudiantes, este grupo, que hizo bien el primer examen, debería batir la media de 60 aciertos. Pero entre los estudiantes con 80 aciertos en la primera prueba habrá algunos que tuvieron suerte, así que lo normal es que sus notas empeoren, por lo que debemos esperar que la media ahora baje de 80 puntos.

Lo que quiero mostrar con este ejemplo es que en el mundo real las cosas regresan *hacia* la media, pero no necesariamente *hasta* la media. El reto consiste en saber cuánto azar hay en lo que sea que te interesa. Para ejemplificarlo, es útil pensar en futbolistas. Imagina que quieres fichar a un delantero para tu equipo, te haces una lista con los goleadores del año pasado y eliges al mejor que puedes pagar. ¿Cómo de probable es que marque tantos goles en tu club?

III

En la temporada 2015-2016 los tres máximos goleadores de las grandes ligas europeas fueron Zlatan Ibrahimović, Luis Suárez y Gonzalo Higuaín. Ibrahimović marcó 1,2 goles por partido con el Paris Saint-Germain; Suárez convirtió 1,1 con el F. C. Barcelona, e Higuaín 1,0 con el Nápoles. Son cifras excepcionales, fuera del alcance de la mayoría de jugadores, lo que demuestra el talento de los tres. Pero ponte en la piel del club que está pensando en ficharlos: ¿cuántos goles crees que marcarán si los traes a tu equipo?

La respuesta dependerá de cada caso. Habría que fijarse en la edad de Ibrahimović, Suárez e Higuaín, en los goles que marcaron otros años o en las características del club donde juegan. Pero hagámonos una pregunta más general: ¿cuánto dicen sobre un delantero sus resultados durante la temporada pasada? Es un ejemplo del problema fundamental del azar del que hablaba. Son problemas sin soluciones fáciles. De hecho, responder preguntas parecidas es una rama central de la estadística, lo que llamamos «inferencia», sobre la que existen libros enteros. Pero el primer paso es intuitivo:

Para extraer regularidades del azar necesitas observar muchos casos. Necesitas datos.

La experiencia consiste en eso. El conocimiento que tiene un ojeador procede de haber visto jugar a cientos de futbolistas, de manera que va desarrollando su intuición. Recoger datos consiste en lo mismo, son observaciones, solo que las codificas en una hoja de Excel. En el gráfico siguiente he representado las marcas goleadoras de 392 jugadores de las cinco grandes ligas del fútbol europeo entre los años 2015 y 2018. Cada punto representa los goles de un jugador en una temporada y la siguiente. Por ejemplo, el punto más alto es Cristiano Ronaldo, que marcó un gol por partido en la temporada 2013-2014 (eje horizontal) y 1,4 en la 2014-2015 (eje vertical).

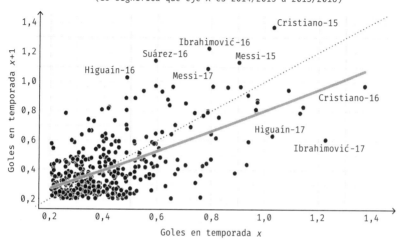

Cada punto es un jugador y se representan sus goles por partido
en dos temporadas consecutivas
(15 significa que eje X es 2014/2015 a 2015/2016)

Del gráfico se extraen dos conclusiones:

1. Que la habilidad importa. Hay una correlación positiva bastante clara: los mejores goleadores suelen ser los mismos que el año anterior, no el resultado de un sorteo entre todos. Eso significa que la métrica «goles esta temporada» captura, en parte, la capacidad de un jugador.

2. Que también influye la suerte.* Hay futbolistas que un año marcan muchos goles y al siguiente pocos, lo cual no puede ser una consecuencia de su talento.

* Aquí he asumido que es ruido toda la varianza que no se explica por los goles del año anterior, aunque nunca es así realmente. Supón que dos jugadores que marcaron 0,6 goles el año pasado marcan ahora 0,3 y 0,7 goles respectivamente. Esa diferencia no será solo cuestión de suerte, sino que se explicará también por características o circunstancias de ambos futbolistas. Quizá el primero era un veterano de treinta y cinco años, mientras que el segundo era un joven en pleno desarrollo. Al analizar sus edades tal vez descubramos una regularidad nueva («los jóvenes mejoran; los mayores empeoran»), de manera que, si incluimos la variable «edad» en nuestro gráfico o en un modelo estadístico formal, haríamos mejores predicciones. Este proceso detectivesco es la esencia de la inferencia: tratamos de extraer las regularidades del ruido.

Para hacernos una idea de cuánto importa la habilidad y cuánto la suerte, podemos usar estos mismos datos. En el gráfico anterior hay una línea gruesa, un ajuste lineal, que puede interpretarse como un modelo de predicción simple: para los jugadores que marcaron cierta cantidad de goles un año (eje horizontal), la altura de la línea nos dice cuántos tantos marcaron al año siguiente (eje vertical). Por ejemplo, los jugadores que marcaron 0,6 goles por partido un año, al siguiente marcaron 0,5. Ese patrón lo podemos usar para hacer pronósticos: de un jugador que marcó 0,6 goles el año pasado, y del que no sé absolutamente nada más, debería esperar 0,5 en su siguiente temporada. Puede conseguir cifras bien diferentes a esa, por arriba o por abajo, porque el gráfico refleja una varianza considerable, pero ese es el resultado que deberíamos esperar típicamente de esos fichajes.

Volvamos ahora a Ibrahimović, Suárez e Higuaín. Después de marcar un gol por partido en la temporada 2015-2016, los datos que acabamos de ver presagiaban menos goles. Y, efectivamente, ninguno de los tres consiguió batir su marca en la temporada 2016-2017:

	2015-2016	2016-2017
Ibrahimović	1,2 (PSG)	0,6 (MAN)
Suárez	1,1 (FCB)	0,8 (FCB)
Higuaín	1,0 (NAP)	0,6 (JUV)

Nada de esto es una sorpresa. Los tres máximos goleadores del fútbol europeo casi siempre marcan menos goles al año siguiente, como pasó en las temporadas 2014-2015, 2015-2016 y 2016-2017. Como refleja nuestro gráfico, de los jugadores que consiguen marcar muchos goles un año se espera menos al siguiente; en una demostración empírica de la regresión a la media.

IV

Para acabar, vamos a sacar otra conclusión del ejemplo anterior, una útil, sencilla y profundamente contraintuitiva:

Tus predicciones deben ser menos extremas que la información en la que se basan.

Es lo que pasa con los goleadores. Si un jugador marcó muchos tantos un año, es posible que sea bueno y que si lo fichas dé buenos resultados. Si tienes que contratar a un futbolista entre dos candidatos, y la única información a tu disposición sobre ellos son los goles que marcaron el año anterior, mejor elige al que marcó más. Pero una vez hecho eso, no esperes que repita lo mismo en tu equipo, porque es probable que haya tenido un poco de suerte, y cabe la posibilidad de que haya tenido mucha.

Pensando en frío, es lógico asumir que un jugador que ha sido excepcional este año quizá no lo sea tanto el año que viene. Pero las personas solemos razonar al contrario: vemos un jugador que lo hace bien y nos convencemos de que es muy bueno. Es un error de juicio, como ha explicado Kahneman: «No distinguimos entre predicciones y observaciones». Si un futbolista remata bien en dos o tres partidos, creemos que será siempre así de preciso. Cualquier otra predicción nos parecerá inconsistente con la evidencia, porque nuestro cerebro minusvalora el poder del azar. Pero hay mucho de aleatorio en todas partes. Es lo que me hizo dudar de la sequía goleadora de Cristiano Ronaldo en 2018. El delantero del Madrid había dejado de marcar al ritmo inhumano que le caracterizaba, y eso arrojaba una pregunta al aire, con la que arrancará el siguiente capítulo: ¿era el final de su carrera o una racha de mala suerte?

No confundas ruido con señal

Donde cantamos las virtudes de los promedios y encontramos el problema clásico del filtrado: ¿cómo podemos separar la señal del ruido? Además, descubrimos que soy del Real Madrid.

I

Cristiano Ronaldo rompió los registros goleadores del Real Madrid en las nueve temporadas que pasó en el club. En la historia de la liga española, solo un puñado de jugadores habían conseguido marcar un gol por partido durante varios meses seguidos. Hugo Sánchez logró ese promedio durante una temporada completa, entre 1989 y 1990, y después estuvieron cerca Ronaldo Nazário, con el Barcelona de 1996-1997, y Diego Forlán, con el Atlético de Madrid de 2008-2009. Al año siguiente, Cristiano Ronaldo llegó al club blanco para competir con Lionel Messi, y entre los dos elevaron las cifras goleadoras hasta niveles sin precedentes. El portugués pasó nueve temporadas en el Madrid marcando prácticamente siempre un gol por partido. Es difícil expresar lo difícil que es eso: Cristiano jugó 292 partidos de liga con el club y marcó 311 goles.

Sin embargo, a principios de 2018 la magia goleadora de Cristiano parecía haberse agotado en la liga española. Había jugado 13 partidos y solo había marcado 4 goles. Estaba a punto de cumplir treinta y tres años, y por primera vez se discutía su posible salida del equipo. ¿Era la hora de pedir dinero por un jugador que hasta entonces no tenía precio? La pregunta en el aire era evidente: ¿su mala racha goleadora era mala suerte o una señal de decadencia? Esto fue lo que me preguntó David Álvarez, por entonces jefe de la sección de deportes de *El País*.

Mi primer paso fue buscar más datos. Además de LaLiga, Cristiano estaba jugando la Champions, donde había marcado 9 goles en 6 partidos. Su puntería estaba intacta en la competición más exigente del mundo, pero esos goles europeos no bastaban para recuperar su estadística: aunque 13 goles en 25 encuentros era una cifra mejor, seguía sin ser un promedio a la altura de su historial. En este punto, para salir de dudas hubiese sido útil poder aumentar la muestra de partidos. Si Cristiano Ronaldo y todos los clubes de LaLiga obedeciesen mis órdenes, los hubiese puesto a jugar cien partidos para observar si efectivamente el portugués marcaba menos goles que antes. Esto, claro está, no era una posibilidad, pero lo apunto porque otras veces sí lo es: siempre que puedas generar nuevos datos para resolver tus dudas, hazlo. Descartado eso, me pregunté qué más podía hacer. Mi problema, en esencia, era que se juegan pocos partidos y se marcan pocos goles, lo que significa que los goles convertidos a mitad de temporada son una señal con ruido, donde el azar influye. Pero ¿y si existiese otra métrica menos caprichosa para medir a un goleador?

Desde hace una década, en el fútbol se ha extendido el uso de estadísticas avanzadas para medir todos los aspectos del juego, siguiendo la estela de lo ocurrido en el baloncesto y el béisbol. Ya hablé de Daryl Morey, el mánager que no se atrevió a fichar a Marc Gasol, y puede que hayas visto la película *Moneyball*, que cuenta la historia de Billy Beane, el gerente que revolucionó el béisbol usando estadísticas. Esta transformación ha sido más lenta en el fútbol, pero ahora va lanzada.* Hay empresas, como Statsbomb, Opta o Driblab, que se dedican a anotar y codificar todo lo que ocurre sobre el campo de juego. Entre otras cosas, lo que hacen es poner a varias personas a ver partidos y registrar los sucesos uno a uno. Anotan cada pase, cada remate, cada presión, quién ejecuta qué, dónde ocurre y cómo acaba. Luego explotan toda esa información granular para construir métricas más complejas, que capturen aspectos más profundos, como los metros que avanza un jugador conduciendo el balón o el valor de sus pases en medio campo.

La métrica más popular entre todas estas novedades es lo que se conoce como «goles esperados» o xG, que ya aparecen hasta en el famoso videojuego *FIFA*, del que hemos hablado antes. Este valor representa los goles que debe marcar un jugador con sus remates. El dato se calcula para cada disparo, al que se le atribuye una probabilidad de acabar en gol usando un modelo estadístico que tiene en cuenta todo lo que sabemos del evento: la distancia desde la que se hace el tiro, el ángulo, el tipo de remate, etcétera. Estos modelos ahora se enriquecen con muchos detalles, como la posición del portero o el número de defensas que hay entre el rematador y la portería. Por ejemplo, un tiro de penalti tiene un valor de 0,75 goles esperados, porque el 75 % de las veces acaba en gol. En cambio, un disparo desde fuera del área apenas sumará 0,03 goles esperados a tu cuenta, porque se marca solo uno de cada 33 de esos intentos. Es fácil ver la potencia de la estadística. Es mejor que contar únicamente

---

* Diría que por una mezcla de motivos culturales —resistencias—, pero también por características del juego: es muy fluido, hay pocos cambios y, de media, pocas jugadas deciden los partidos.

los remates, porque no todos los remates son iguales; y es mejor que fijarnos en los goles marcados, al menos en una serie de pocos partidos, porque influye menos el azar. De dos jugadores que han marcado un gol en tres jornadas, muy probablemente es mejor el que lo consiguió con 1,6 goles esperados antes que el que lo convirtió con 0,05 goles esperados, pues tuvo suerte.

Pues bien, lo que hice en enero de 2018 fue pedirle a Opta los goles esperados de Cristiano Ronaldo. Estaba marcando poco, de acuerdo, pero ¿estaba generando ocasiones? Lo que encontré es que sí. El portugués estaba haciendo suficientes remates para haber logrado bastantes más goles. Aunque solo había convertido 4 en 13 partidos de liga, había generado ocasiones por valor de 11 goles esperados. Estaba promediando 0,82 goles esperados por partido, que era una cifra mejor que la de Harry Kane o Mohamed Salah, que por esas fechas habían convertido 18 y 19 goles, respectivamente. El problema del portugués estaba en la conversión de esos prometedores remates. Estaba siendo el delantero más desacertado de todas las grandes ligas.

	Goles	Esperados	Diferencia	
Cristiano	3	10	−7	▥▥▥▥▥▥▥
Aubameyang	10	14	−4	▥▥▥▥
Lacazette	7	9	−3	▥▥▥
Mbappé	9	10	−1	▥
Dzeko	9	10	−1	▥
Suárez	13	14	−1	▥
Agüero	10	10		
Morata	10	10		
Lukaku	11	10	▥ +1	
Messi	15	14	▥ +1	
Kane	19	16	▥▥▥ +3	
Salah	18	14	▥▥▥▥ +4	
Immobile	14	9	▥▥▥▥▥ +5	
Cavani	18	12	▥▥▥▥▥▥ +6	

Fuente: Opta

Si Cristiano hubiese sido un debutante, podríamos haber pensado que era un mal rematador. Pero era Cristiano Ronaldo. Parecía más lógico decantarse por la hipótesis de la mala suerte: el portugués aparecía en zonas de peligro con la frecuencia habitual y generaba buenas ocasiones, solo estaba negado al convertirlas.

La confirmación de esa hipótesis no tardó en llegar. Al día siguiente de escribir mi artículo, Cristiano le marcó dos goles al Deportivo de la Coruña. Una semana después, hizo otros dos al Valencia y acabó el mes de febrero con 10 goles en 6 partidos. Continuó con acierto en marzo y abril, hasta cerrar aquella liga con 27 goles en 26 partidos, exactamente su media histórica. También le fue bien en la Champions: marcó un gol de chilena en cuartos de final, que un rival describió como «de PlayStation», para llevar al Madrid hasta la final del torneo, que acabó ganando. Era la decimotercera Liga de Campeones para el club y la quinta para Cristiano, que se llevó el galardón como máximo goleador del torneo por sexta vez consecutiva, tras marcar 15 goles en 13 partidos. Al acabar la final, dejó abierta la posibilidad de abandonar el Madrid, y ese verano fichó por la Juventus.

De la historia de Cristiano podemos extraer dos enseñanzas. La primera es recordar lo importante que es elegir bien tus métricas, como ya vimos en un capítulo anterior. Los goles esperados fueron la clave para sugerir que el portugués no estaba acabado, porque son una métrica mejor que los goles convertidos cuando estás juzgando pocos partidos. La otra enseñanza es la que da título a este capítulo:

Esfuérzate por distinguir entre ruido y señal.

Una ventaja de los goles esperados es que son una métrica menos ruidosa. Son más efectivos a la hora de capturar la señal subyacente —cómo de bien estaba jugando Cristiano Ronaldo—, porque se ven menos afectados por hacer tres disparos al palo, que son casualidades que pueden pasar por mala suerte.

II

Otra forma de separar las señales del ruido es usar promedios y otros métodos de «filtrado». Piensa en este sencillo ejemplo: una persona que se pone a dieta para ganar peso. Anteayer pesaba 63,0 kilos, ayer 63,7 y hoy 62,8. ¿Debería concluir que la dieta funciona? Al observar un cambio en una serie temporal enfrentamos siempre este dilema: ¿estamos viendo ruido o una señal? Muchas veces es ruido. Si te pesas cada día, verás tu peso fluctuar arriba y abajo. Por eso, para no volverte loco, los dietistas suelen aconsejarte que te peses una vez por semana. Pero la estrategia más precisa para enfrentar ese problema es usar un método de filtrado, como una media. Te sigues pesando cada mañana, pero estimas tu peso hoy como el promedio de los últimos cuatro días, por ejemplo. Así reduces los vaivenes azarosos y te resultará más fácil ver la señal verdadera: tu peso.

Un caso de éxito de esta idea son los promedios de encuestas electorales. Los sondeos habían sido una fuente de ruido durante décadas. Abrías el periódico y leías que un partido político tenía tres puntos de ventaja, pero al día siguiente veías en televisión que otro sondeo decía que iba ganando el partido rival. Los malos comentaristas encontraban teorías para explicar ese sube y baja, siempre a posteriori, vinculándolo sin pruebas con cualquier polémica reciente. Pero esos altibajos son poco creíbles, porque millones de personas no cambian sus intenciones con tanta frecuencia. Lo que ocurre es que las encuestas tienen ruido y la prensa hacía literatura alrededor de ellas.

Afortunadamente, la situación ha mejorado en los últimos años, porque la cobertura de datos electorales se ha sofisticado. Y la primera pieza de esa revolución fue una simple media. ¿Por qué no coger todas las encuestas que se publican y agregarlas? Eso es lo que empecé a hacer entre 2014 y 2015 en España, imitando lo que estaba haciéndose en Estados Unidos. Estos promedios tienen otras ventajas, pero la primera es la que nos interesa aquí: sirven para eliminar ruido.

El gráfico siguiente muestra las estimaciones de voto para dos partidos españoles a principios de 2018, según unas docenas de encuestas diferentes. Los puntos de color negro representan al Partido Popular y los grises, a Ciudadanos. Durante los primeros meses del año, las dos formaciones de derecha y centro-derecha aparecían indistintamente una por delante de la otra

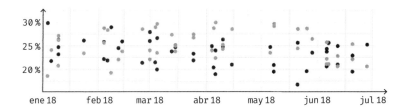

según la encuesta en la que te fijaras. Era imposible ver la verdadera señal.

Sin embargo, basta hacer un promedio para que aparezcan las tendencias generales. Como se aprecia en el gráfico de abajo, al promediar se distinguen dos momentos. PP y Cs arrancaron el año realmente igualados, aunque la tendencia era un Cs creciente y un PP en retroceso, y fue así hasta finales de mayo. Entonces pasó algo: esa semana se produjo la moción de censura contra el presidente Mariano Rajoy (del PP), que tuvo éxito y acabó con Pedro Sánchez (del PSOE) como presidente. Ese día empezó la caída de Ciudadanos en favor de los populares.

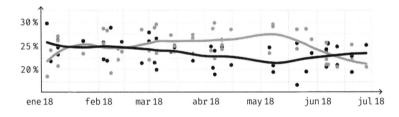

Visto así, el filtrado de señales parece algo idílico, pero, como tantas cosas útiles, usarlas no sale gratis. ¿Cuál dirías que es el precio que pagar por usar una media para seguir la evolución del voto de un partido? ¿Y de tu peso según la báscula? Piensa que no solo estarás midiendo tu peso actual, sino el de ayer y anteayer. Estarás midiendo tu peso *en el pasado*. Ese es el coste que pagarás por filtrar el ruido; a cambio introducirás un retraso en tus observaciones.

Este es el dilema del filtrado. Tienes que encontrar un equilibrio entre eliminar el ruido que te molesta y ver tus señales retrasadas.

Imagina que la báscula dice hoy que has subido un poco de peso. Es una subida pequeña, así que podría ser ruido, pero también podría ser una tendencia incipiente. Si usas una media móvil de tres días, esa subida seguramente acabará filtrada, es decir, eliminada. Pero si al día siguiente todavía sigues pesando un poco más, resultará que era una señal y la habrás detectado un día tarde.

En el caso de las encuestas electorales, la pregunta del filtrado es decidir cuánto te fías de un sondeo de hace dos semanas comparado con uno de ayer. ¿Cuánto peso le doy? ¿Igual? ¿La mitad? ¿Una décima parte? Es la decisión más importante al promediar, pero no tiene una respuesta evidente. Si das más peso

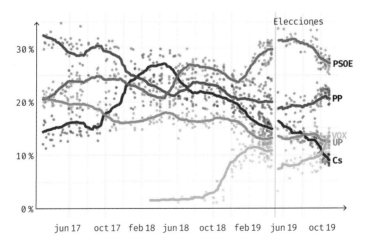

Promedio de encuestas en España (2017-2019). Cada punto es un sondeo; las líneas son los promedios. Hubo elecciones en abril y en noviembre de 2019.

165

al pasado, eliminarás más ruido y caerás en menos falsas alarmas, pero a cambio serás lento detectando cambios verdaderos. Para tomar la decisión ayuda ver series largas, que te darán al menos cierta perspectiva sobre la frecuencia de la señal.

No hay una receta universal para decidir cuánto filtrar. Si estás midiendo la posición de un avión en el aire, tendrás que promediar las lecturas de un sensor cada pocos milisegundos, mientras que para medir la posición de un casquete polar igual te basta con un dato cada mes. En el caso de los votantes, lo normal es que sus opiniones varíen lentamente, por semanas, pero no hay un límite físico: si esta noche un político aparece en televisión confesando un crimen horrible, para la mañana habrá perdido a la mayoría de sus votantes.

III

Hemos visto una razón para hacer promedios —eliminar el ruido de una señal—, pero hay otra igual o más importante: promediar medidas diferentes suele mejorar la precisión.

Por eso: haz promedios de cosas.

Podemos seguir con el ejemplo de las encuestas. Supón que un sondeo dice que el 40% de la gente votará por cierto partido. ¿Cómo de probable crees que es que le acabe votando el 43%? Lo cierto es que es bastante probable. En 2018, el brillante estadístico Andrew Gelman —al que ya mencioné al hablar de predecir elecciones con jugadores de Xbox— se propuso estudiar el acierto de los sondeos en Estados Unidos. Para eso, él y su equipo recopilaron 4.000 encuestas de 600 elecciones estatales, todas recientes, que luego compararon con los resultados reales. Lo que encontraron es que el error medio de una encuesta individual rondaba los tres o cuatro puntos porcentuales. Sin embargo, también comprobaron algo tremendamente útil: hacer un promedio con todos los sondeos reducía esos errores a la mitad. Si tomas decenas de encuestas, cada una de ellas se desvía tres o cuatro puntos de media; pero un promedio con todas hace que la desviación se reduzca a solo un par de puntos.

```
Error típico            ±3,5 puntos
de una encuesta         |▦ ▦ ▦ ▦ ▦ ▦ ▦

Error típico de         ±2 puntos
un promedio             |▦ ▦ ▦ ▦
de encuestas
```

¿Por qué pasa esto? Un motivo es el que ya hemos comentado: al agregar observaciones, el ruido positivo de unas se cancela con el negativo de otras, reduciendo así el error por azar. Un sondeo consiste en hacer 1.000 o 2.000 entrevistas a personas aleatorias, esperando que sean representativas de la población, pero la fortuna puede jugarte malas pasadas y hacer que en tu muestra haya demasiados votantes de un partido concreto. ¿Qué pasa cuando unes diez encuestas? Que tendrás 10.000 entrevistas, se aplicarán las leyes de los grandes números y el azar influirá menos en tus resultados.

Pero esa no es la única la ventaja de promediar. Además de reducir los errores aleatorios, al combinar múltiples encuestas también puedes minorar sus sesgos sistemáticos. Al menos los que no compartan todos los sondeos. Puedes pensar en un promedio —de encuestas o de otra cosa— como una especie de consenso o votación. Por ejemplo, supongamos que en tu lista hay encuestas de dos tipos, unas hechas por teléfono móvil y otras a través de formularios en línea. Podría ocurrir que a las primeras les falten votantes jóvenes (porque no contestan a llamadas de números desconocidos) y que a las segundas les falten votantes mayores (porque no utilizan internet). Las encuestas de cada tipo tendrían sesgos en direcciones contrarias, ¡de manera que al agregarlas se reducirán!

Esto es lo que ocurre en la práctica. Cada encuestador basa sus estimaciones de voto en un criterio y una metodología propios: ¿cómo predices la abstención? ¿Cómo imputas el voto de los indecisos? ¿Vas a ponderar tu muestra? Etcétera. Son cuestiones técnicas complicadas y no todos los expertos tomarán las mismas decisiones, de manera que al promediar sus resultados estarás haciendo una especie de cocina de fusión, combinando el criterio de todos.

Si tienes pocos datos, frena tu entusiasmo

Donde hablamos de bebés para detectar los fallos de nuestra intuición. ¡Ignora la estadística! Generaliza con datos insuficientes y te hace ver cosas que son espejismos.

I

Imagina un pueblo con dos hospitales. En el más grande nacen unos 45 bebés al día y en el pequeño, unos 15. Sabemos, además, que en general el 50% de los nacimientos son niñas, aunque el porcentaje exacto varía cada día. Teniendo esto en cuenta, ¿en qué hospital crees que se registrarán más días donde el 60% de los nacimientos son niñas: en el grande, en el pequeño o en los dos por igual?

La mayoría de gente responde que igual, porque eso es lo que nos dice la intuición, que no hay diferencias entre los nacimientos de uno y otro hospital, y que si alguna vez nacen el 60% de niñas es por casualidad y puede pasar en cualquier sitio. Pero la respuesta correcta es el hospital pequeño. Sus 15 nacimientos diarios son una muestra reducida y se desviará más fácilmente de la media del 50%. Es como si lanzaras una moneda al aire: es más probable sacar cara un 100% de las veces haciendo tres lanzamientos que haciendo mil.

Enseguida hablaré de este fallo de nuestra intuición para explicar por qué ocurre, pero antes vamos a extraer una lección más sencilla del ejemplo de los hospitales.

Cuidado con los extremos anecdóticos.

Las personas tendemos a ignorar el tamaño de una muestra, como si diese igual contar tres casos que diez mil. Pero importa. Una muestra pequeña es menos fiable y se puede mover por capricho. Eso explica un patrón común: es más habitual encontrar los resultados extremos (más altos o más bajos) en muestras pequeñas. Si buscas el municipio con más jóvenes o con más coches, lo normal es que sea uno pequeño. Y en esos casos tienes que plantearte en qué medida es casualidad: «¿Estoy mirando un hospital pequeño?».

El siguiente gráfico muestra un ejemplo. Representa la altura media de los futbolistas de cada nacionalidad que juegan en las grandes ligas europeas. Los españoles miden 181 centímetros y los alemanes, 184 centímetros, lo cual suena razonable. Pero ¿tiene sentido que entre los más altos estén los indonesios? No

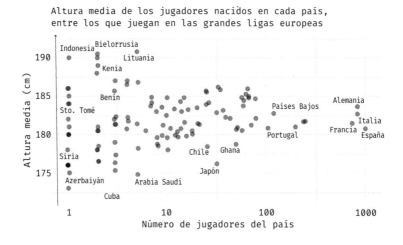

170

es un país que se distinga por la altura de su población. Simplemente tenemos una muestra muy pequeña: el único jugador nacido en Indonesia es un tal Emil Audero, que es portero y mide dos metros.

El gráfico tiene una forma de embudo que es característica de este fenómeno. Los países con pocas muestras aparecen a la izquierda, y tienen una varianza mayor. Cuentan con uno o dos jugadores en Europa, que pueden ser especialmente altos o bajos por casualidad. En cambio, los países a la derecha tienen cientos de jugadores en estas ligas, de manera que su altura media es una cifra robusta, más cercana a la altura típica de los futbolistas de cada país. Los jugadores alemanes todavía son más altos que los españoles, lo que parece un patrón consistente, pero no son 20 centímetros más altos.

El efecto embudo también aparece cuando cruzamos variables que sí tienen una relación genuina, y, en esos casos, sacar conclusiones es más delicado. En el gráfico siguiente he cruzado el tamaño de los municipios españoles con la edad de sus habitantes. Verás que hay una relación: los pueblos pequeños son los más envejecidos (lo cual era previsible), y las ciudades grandes

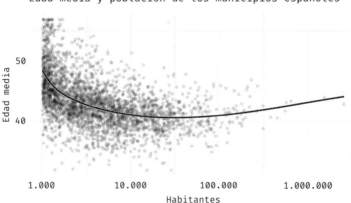

Edad media y población de los municipios españoles

tienen habitantes más mayores que las de tamaño medio (que es algo que yo no sabía). Pero el efecto embudo sigue ahí: las edades varían más en los pueblos muy pequeños.

La pregunta ahora es si estos pueblecitos con gente muy joven o muy mayor son casualidades o fenómenos reales. Un municipio de 1.000 habitantes puede envejecer de golpe si inaugura una residencia de ancianos. Pero otras veces estos casos extremos tendrán explicación, como pasa con la localidad de Arroyomolinos, una de las más jóvenes de España, con treinta y dos años de edad media. No es una casualidad. Hasta 1999, era un pueblo de 3.000 habitantes que no quedaba lejos de Madrid, pero entonces llegó el boom inmobiliario, se construyeron muchas casas y fueron llegando familias que querían vivir cerca de la capital. Ahora, Arroyomolinos es una ciudad dormitorio diez veces más poblada. Su juventud es real; es una localidad joven por motivos que podemos explicar. Sin embargo, al mismo tiempo es cierto que su transformación solo es estadísticamente visible porque era un pueblo pequeño; es decir, si esas mismas 5.000 familias se hubiesen instalado en un barrio de Madrid, la edad de la capital no habría cambiado y su llegada habría sido imperceptible.

II

Volvamos ahora al ejemplo de los hospitales para la segunda lección. ¿Por qué tanta gente responde mal a la pregunta sobre los nacimientos de niñas? ¿Por qué nuestro impulso es decir que un día extraordinario, en que nazca un 60% de niñas, es igual de esperable en un hospital pequeño que en uno grande? Este es un error que un ordenador no cometería. Cuanto menor sea una muestra, mayor será la probabilidad de obtener un valor excéntrico. En términos estadísticos, es una obviedad, pero, por alguna razón, para los humanos esto no es evidente. Decimos que las personas *somos insensibles a la muestra* porque no prestamos suficiente atención a su tamaño. Es el mismo impulso que te lleva a afirmar que «los belgas son antipáticos» o que «los austriacos son raros», basándote en cuatro chavales que conociste de Erasmus. De ahí se extrae una lección fundamental de este libro:

Tu intuición no sabe estadística. Entre otros problemas, tiende a generalizar con pocos datos.

Pensando en los hospitales, podemos entender que algunos días nacerán pocas niñas y otros días nacerán muchas, pero nos resulta difícil anticipar con qué frecuencia y con qué intensidad pasa eso. El problema es que nuestro cerebro no traduce el número total de nacimientos diarios, ya sean 15 o 45 bebés, en una imagen nítida de mayor o menor varianza. Ese concepto, como la incertidumbre o la probabilidad, no está entre los que nuestra mente maneja con agilidad. Solo podemos trabajar con él si pensamos despacio, con papel y lápiz. Si pensamos rápido, cometemos errores sistemáticos. Descubrir esos errores es lo que hicieron los psicólogos Daniel Kahneman, que ya he mencionado, y Amos Tversky, su célebre colaborador. Su trabajo volverá a aparecer, pero en este capítulo vamos a hablar de su primer hallazgo.

En 1971, Kahneman y Tversky publicaron su primer artículo científico juntos, donde presentaron su teoría: «La gente tiene fuertes intuiciones sobre un muestreo aleatorio; esas intuiciones están mal [...]; son compartidas por sujetos ingenuos y por cien-

tíficos entrenados; y se aplican con consecuencias desafortuna-
das». Era un texto provocador, casi humorístico, cuyo título,
«Belief in the Law of Small Numbers», era una bomba disfrazada
de broma. Uno de los pilares de la ciencia estadística es la «ley de
los grandes números», que viene a decir que la media de una muestra grande se acercará a la media de la población real. Si mido la
altura de un millón de indonesios escogidos aleatoriamente,
la media de esos datos se acercará a la altura media verdadera de
todos los indonesios. Pero la ley se llama «de los grandes números» por algo: solo se cumple con muestras grandes. Una muestra pequeña (como la altura de un solo indonesio) no te dice
casi nada de la población general (todo su país). Lo que descubrieron Kahneman y Tversky es que la intuición ignora esto:
¡razonamos como si esta ley fuese también cierta con números
pequeños!

Si un inversor en bolsa encadena tres años batiendo al mercado, mucha gente concluirá que es un buen inversor, aunque no
haya datos suficientes para saberlo con certeza. Hacemos igual
cuando volvemos de viaje: pasamos dos días en Lisboa y volvemos dispuestos a explicarle a quien sea que allí los camareros son
amabilísimos (o todo lo contrario), aunque en realidad solo te
atendieron tres veces. Tu cerebro, como todos los cerebros, asume en la práctica que cualquier observación es una representa-
ción significativa del conjunto de donde sale. Que sean pocas no
frena tu intuición, porque es insensible a eso. La teoría de Kahneman y Tversky es que nuestra mente razona por semejanza o
por representatividad; es decir, asume que las propiedades del
conjunto completo serán similares a las que has presenciado en
tu puñado de observaciones. Como veremos en el último capítulo del libro, tu intuición actúa así: abusa de los estereotipos.

Tu cerebro es una máquina estupenda sacando conclusiones, pero tienes que saber que a veces lo hace demasiado deprisa. ¿O crees que tú no ves patrones que no existen?

III

Seguramente eres consciente de que tu compañía telefónica sabe dónde estás en cada momento. Tu móvil incorpora un GPS que puede revelar tu posición, pero, además, la compañía necesita tenerte bajo sus antenas para que dispongas de datos, y, triangulando la señal de tres de esas antenas, es fácil saber dónde estás. Luego venden esa información a otras empresas, que la usan para montones de cosas, como seguir a los turistas que se bajan de un crucero en Barcelona o averiguar qué escaparates son los más contemplados de Valencia. Pueden crear mapas como el que hay a continuación, de un área del centro de Madrid sobre la que se representa la posición de 150 usuarios que acaban de enviar un mensaje de audio por WhatsApp. Cada punto es una persona enviando un mensaje: ¿puedes detectar algún patrón? Si miras con atención, quizá encuentres dos regularidades.

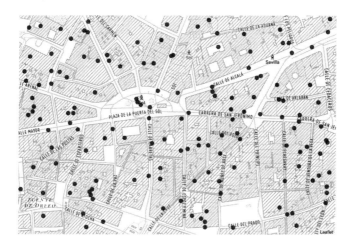

Primero, verás que hay muchos puntos que coinciden con calles y plazas. Hay seis usuarios enviando audios en la Puerta del Sol, por ejemplo, y bastantes personas en la carrera de San Jerónimo, en la calle de Alcalá y la de la Cruz. El otro patrón es que se ven «pandillas», grupos de dos o tres personas que están enviando audios, como los que hay en Sol o en una paralela a la calle de Atocha, al sur.

Pero dejémoslo ahí: los dos patrones me los he inventado.

Los puntos no representan audios enviados, sino que los distribuí al azar sobre el mapa y luego me inventé toda la historia. Puedo prometerte que cayeron así por casualidad y que no hay ningún patrón que encontrar, aunque nuestro cerebro sí lo vea. Si miras el mapa ahora, incluso sabiendo que no hay nada, puedes sentir cómo tu mente busca formas de unir los puntos. Se iluminan unos y se difuminan otros, los conectas como si fueses Sherlock Holmes pensando fuerte. Este fenómeno es algo que se conoce como la «ilusión del agrupamiento».

En conclusión, no te inventes patrones.

Esta ilusión la provoca la tendencia humana a subestimar la variabilidad de los fenómenos azarosos. Vemos tres puntos en mitad de la plaza y nos cuesta creer que sea casualidad.

IV

Otra manifestación de nuestros problemas con la aleatoriedad es, digamos, lo contrario de que nos inventemos patrones: también se nos da mal crear secuencias realmente azarosas.

Eso les sirve a los profesores de estadística para hacer un juego en sus clases. Mezclan unas cuantas secuencias aleatorias —por ejemplo, cinco series de 21 lanzamientos que salieron cara (O) o cruz (X)— con otras secuencias de 21 lanzamientos creadas por sus alumnos de cabeza, intentando ser aleatorios, y luego los sorprenden pudiendo distinguirlas. A menudo es fácil, porque si le pides a una persona que genere una serie aleatoria, el resultado suele tener demasiados cambios entre cara y cruz; muchos tramos del tipo XOXO.

Para confirmarlo hice el experimento. Por un lado, generé 20.000 secuencias de 21 tiradas aleatorias usando el ordenador. Por el otro, contraté en Amazon Turk a 91 personas para que cada una de ellas escribiese una secuencia y les pedí eso mismo: «¿Podrías escribir una secuencia de 21 caras (O) y cruces (X)? Hazlo como si estuvieses tirando una moneda, pero usando solo tu cerebro. Intenta que sea aleatorio, como una moneda real. No busques ayuda en línea, etcétera. ¡Y hazlo rápido!».

Lo que encontré es que, efectivamente, las personas somos malísimas con esto. En las tiradas por ordenador, que son realmente aleatorias, las tripletas de posibles resultados ocurren todas con la misma frecuencia: es tan común ver un XOX como un XXX.

OOO	12,5%	▨▨▨▨▨▨▨▨▨▨
OOX	12,5%	▨▨▨▨▨▨▨▨▨▨
OXO	12,5%	▨▨▨▨▨▨▨▨▨▨
OXX	12,5%	▨▨▨▨▨▨▨▨▨▨
XOO	12,5%	▨▨▨▨▨▨▨▨▨▨
XOX	12,5%	▨▨▨▨▨▨▨▨▨▨
XXO	12,5%	▨▨▨▨▨▨▨▨▨▨
XXX	12,5%	▨▨▨▨▨▨▨▨▨▨

En cambio, los humanos generamos demasiada variabilidad, mucha más de la que resulta del azar. En mis 91 secuencias humanas la distribución de tripletas estaba sesgada. Las personas ponían la mitad de OOO y XXX de las que deberían, y abusaban de las tripletas más variadas, las OXO y XOX.

OOO	8 %	▨▨▨▨▨▨
OOX	15 %	▨▨▨▨▨▨▨▨▨▨▨
OXO	19 %	▨▨▨▨▨▨▨▨▨▨▨▨▨▨
OXX	11 %	▨▨▨▨▨▨▨▨
XOO	10 %	▨▨▨▨▨▨▨
XOX	19 %	▨▨▨▨▨▨▨▨▨▨▨▨▨▨
XXO	12 %	▨▨▨▨▨▨▨▨▨
XXX	6 %	▨▨▨▨

En general faltaban repeticiones. Por ejemplo, solo un 13 % de la gente incluyó una serie de cinco caras o cruces seguidas, aunque en realidad estas aparecen con el triple de frecuencia en las secuencias aleatorias (48 %).

Este error es otra manifestación de nuestra creencia en la *ley de los pequeños números*. Sabemos que a la larga la mitad de las tiradas tienen que ser cara y la otra mitad cruz, pero cometemos el error de esperar esa propiedad también con una muestra pequeña. Sentimos que cinco tiradas deben ser representativas de nuestra moneda, y XOXOX y OXOXO son, en ese sentido, mejores representaciones. Pero esas tiradas son excepcionales. En realidad, las secuencias XOXOX y OXOXO son tan infrecuentes como las evidentemente raras, la OOOOO y la XXXXX.

Ten cuidado con las rachas

Donde seguimos desactivando las trampas que nos pone el azar y nos hacemos una pregunta: ¿existen realmente las rachas de triples de Luka Dončić?

I

El 8 de diciembre de 2018, el esloveno Luka Dončić, de diecinueve años, apenas llevaba dos meses en la NBA. Había sido seleccionado por los Dallas Mavericks, que esa noche se enfrentaban a los Houston Rockets en un partido que no iba bien: a tres minutos del final perdían 94 a 102. Pero, entonces, Luka vivió uno de sus momentos estelares. El vídeo de la escena arranca con el esloveno convirtiendo un triple desde la izquierda. En la siguiente jugada, conduce el ataque y lo resuelve, sin encarar a su defensor, con otro triple lejano. Antes de la siguiente posesión de su equipo, el comentarista eleva la voz —«Ha conseguido seis puntos seguidos; y todo ha sido Luka…»—, el jugador se lanza en carrera hacia el aro, pero se frena en seco a dos metros de este, en una jugada que luego le haría famoso, para mandar al defensor lejos y encadenar su tercera canasta. El locutor grita entonces para anunciar la racha de aciertos: «¡Y ahora son ocho puntos seguidos!». El siguiente ataque vuelve a conducirlo Luka, ante lo cual nadie se sorprende, porque está «caliente», tocado por la magia de una secuencia: canasta, canasta, canasta. Repite el truco que acaba de usar: desde la distancia del triple amaga con penetrar y el defensor se va con él, pero Luka frena en una baldosa, da un pasito atrás y lanza para conseguir limpiamente su cuarta canasta. Le ha dado la vuelta al partido, que ahora domina su equipo por 105 a 102.

Dončić acabaría la temporada como el mejor novato, un éxito que solo ha logrado otro europeo, el español Pau Gasol. Para muchos observadores, lo que pasó la noche del 8 de diciembre es evidente: Luka estaba enrachado, o, como dicen en inglés, «tenía la mano caliente». Después de encestar tres canastas seguidas había alcanzado un estado especial, y su cuarto acierto era más probable. Pero ¿este fenómeno es real o un espejismo afortunado?

II

La «mano caliente» es parte de la tradición del baloncesto. En los noventa se hizo famosa una máquina recreativa, *NBA Jam*, donde los personajes del juego se prendían fuego, literalmente, cuando encestaban varias veces seguidas. Si entonces lanzaban la pelota, esta también ardía en llamas al grito de «You are on fire!», y casi todos los tiros eran canastas. Muchos aficionados, técnicos y jugadores creen que es posible experimentar algo parecido. En ocasiones, un baloncestista alcanza un estado singular, en el que su habilidad para convertir tiros es claramente superior, como Luka Dončić en aquellos minutos finales del partido contra Houston. Sin embargo, a estas alturas tenemos que dudar de esa percepción; sabemos que las personas caemos en engaños, que tenemos una predisposición a ver patrones inexistentes. Y una secuencia tan acertada como la de Dončić es algo que puede ocurrir por casualidad. La pregunta clave, por lo tanto, es si esas secuencias ocurren con más frecuencia de lo esperable. Si la mano caliente es un fenómeno real, deberíamos ver más rachas similares de las que predice el simple azar. Pero en 1985 tres científicos demostraron lo contrario.

En un famoso artículo, «The hot hand in basketball: On the misperception of random sequences», los psicólogos Thomas Gilovich, Robert Vallone y Amos Tversky analizaron los tiros de los Philadelphia 76ers durante toda una temporada, y descubrieron que las secuencias de aciertos y fallos eran indistinguibles del azar. También estudiaron los tiros libres de los Boston Celtics y observaron lo mismo: los jugadores encestaban el segundo tiro el 75 % de las veces, con independencia de si habían encestado el primero. Los científicos concluyeron que la mano caliente era una *ilusión de agrupamiento*, un espejismo.

La leyenda de la mano caliente sirve de advertencia:

Ten cuidado con las rachas.

Pero esta historia tiene otro giro. Durante tres décadas la falacia de la mano caliente ha sido el típico comentario de aguafiestas. En un grupo de amigos que ve el partido de baloncesto, alguien señala que Dončić está en racha y un listillo salta diciendo: «Pues no creo, porque las rachas del baloncesto no existen. La regresión a la media implica que el tirador volverá a su promedio». Es algo que podría haber dicho el estadístico Andrew Gelman. Este experto de la Universidad de Columbia del que ya hemos hablado es uno de los nombres más conocidos de la disciplina, en parte porque tiene un blog popular en este mundillo. En una publicación de 2014 mencionó esta falacia, y aunque no descartaba por completo la posibilidad de que existan rachas, porque «los atletas no son máquinas», recordaba que desde el estudio de 1985 de Gilovich, Vallone y Tversky sus efectos se han demostrado pequeños o inexistentes. Sin embargo, un año después, Gelman volvió a escribir del tema en su blog para explicar que había cambiado de opinión: «¿Adivinad qué? [...] Ayer Josh Miller vino a mi despacho y me convenció de que la mano caliente es real».

Resulta que los investigadores Joshua Miller y Adam Sanjurjo habían encontrado un pequeño error en el estudio de 1985. Era un fallo sutil, por eso había pasado desapercibido durante 30 años, pero que le daba la vuelta a los resultados de aquel trabajo. Cuando Miller y Sanjurjo analizaron correctamente esos datos, aparecieron pruebas a favor de la mano caliente, en ese estudio y luego en otros. La probabilidad de encestar un triple después de tres aciertos, por ejemplo, resultó ser un 13 % mayor que después de tres fallos. Y eso es bastante diferencia, suficiente como para convertir al mejor tirador de la NBA en uno mediocre.

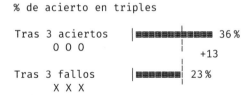

% de acierto en triples

Tras 3 aciertos	�	36 %
0 0 0		+13
Tras 3 fallos	▪▪▪▪	23 %
X X X		

A posteriori, este resultado parece incluso lógico. Siempre ha habido teorías razonables para explicar que los jugadores no son máquinas y que antes de hacer un lanzamiento les influya (en cierta medida) lo que pasó con los anteriores. Por un lado, solía mencionarse la «memoria muscular». La práctica repetida a lo largo de una carrera es lo que permite que un tirador lance más deprisa, con mayor control y fiabilidad. Esa memoria puede explicar que después de una canasta la siguiente sea más fácil: solo tienes que hacer lo mismo. Otra hipótesis era la psicológica, también razonable: ¿no es normal pensar que un jugador estará más nervioso después de varios fallos y que, por lo tanto, lanzará peor? Por último, se puede pensar en la racha como una señal. Si un día estás acertado, quizá no es casualidad, sino la consecuencia de unas circunstancias ideales: has dormido bien, no tienes molestias en el hombro, te sientes feliz, no hace calor y la pelota está en el punto exacto de presión que te conviene. Todo es perfecto, y en esas condiciones lanzas mejor.

Todas esas explicaciones pueden justificar el efecto de la mano caliente. Pero si me gusta esta historia es porque es complicada. Estamos discutiendo si existen las rachas o si son una ilusión fabricada por nuestra mente ancestral, pero lo cierto es que ambas cosas son verdad al mismo tiempo.

1. Las rachas existen.
2. Pero nuestro cerebro las exagera.

El artículo de Gilovich, Vallone y Tversky extraía tres conclusiones, la primera de las cuales ahora sabemos que estaba equivocada: la mano caliente sí existe. Sin embargo, los otros dos hallazgos del famoso artículo de 1985 se mantienen vigentes. Los aficionados veían rachas incluso cuando se les presentaban secuencias aleatorias —porque las personas vemos patrones allá donde no los hay—, y exageraban la magnitud de la mano caliente. Como dice Andrew Gelman, no está nada mal para un estudio que tiene treinta años.

III

Ver patrones que no existen es solo uno de los problemas que las personas tenemos a la hora de pensar en el azar. Otro es lo que llamamos «falacias del jugador».

Pongamos que estoy en el casino apostando al número par en la ruleta, pero no paran de salir impares. Uno, dos, tres y hasta cuatro impares seguidos. En estas circunstancias, mucha gente razona lo siguiente: «La próxima vez tiene que salir par, porque ¿qué probabilidad hay de que salgan cinco impares?». Pero el azar no funciona así. No tiene memoria, así que el resultado de volver a hacer girar la ruleta es independiente de su historia. Da igual si van cuarenta impares seguidos, la probabilidad de que la bola vuelva a caer en impar es siempre del 50%.* Creer lo contrario es la falacia del jugador, el error de pensar que la ruleta se rige por una especie de karma y tiene que compensar sus tiradas pasadas.

Si conoces este fallo, lo habrás interiorizado ya, pero es muy desconcertante la primera vez que uno piensa en ello. ¿De verdad no debería esperar un número par después de tantos impares? ¿No empujará el universo en esa dirección? La respuesta es que no. Una forma de verlo es pensar que lo difícil de obtener cinco impares seguidos no es sacar el quinto, que está al 50%, sino haber sacado los cuatro anteriores. Considera esto:

Si la ruleta está equilibrada, las opciones de que salga un número par son exactamente 0,5 (una de cada dos). Las opciones

---

* Para simplificar, vamos a asumir que la casa renuncia a su ventaja: si la bola cae en cero, la tirada se repite. De esa manera, hay un 50% de probabilidades de que salga par y un 50% de que salga impar.

de que salgan dos impares seguidos son 0,5 × 0,5 = 0,25 (una de cada cuatro), y así sucesivamente. Ahora supón que se han sacado cuatro impares seguidos. Un creyente en la falacia del jugador diría: «Si en el siguiente lanzamiento saliese impar, habrían salido cinco consecutivos. La probabilidad de que esto suceda es 0,5 × 0,5 × 0,5 × × 0,5 × 0,5 = 0,03125, por tanto, en el siguiente lanzamiento la probabilidad de que salga impar es solo esa, un 3,1%, o 1 opción entre 32.

Pero el último paso del razonamiento es falaz. Es cierto que lograr una serie de cinco impares consecutivos solo debería pasar 1 de cada 32 veces, pero ese cálculo solo vale *antes* de hacer girar la ruleta por primera vez. Después de que hayan salido cuatro impares, esos resultados no tienen probabilidad 0,5, sino que son impares con certeza: 1 × 1 × 1 × 1 × 0,5 = 0,5.

Hay otra variante de la falacia del jugador que es todavía más escurridiza. Pongamos que empieza la noche y la ruleta arranca con querencia por los números impares. Tú estás apostando al par, pero las primeras cuatro tiradas salen impares. No tienes prisa y razonas así: «Si me limito a seguir apostando a los pares, terminaré por recuperar mi dinero, porque la ruleta está equilibrada y a la larga los resultados lo estarán también». Al final de la noche, la bolita tiene que caer la mitad de veces de cada lado, ¿no? Por desgracia para ti, eso tampoco es cierto. Lo que puedes esperar «a la larga» son dos cosas: primero, que a partir de ahora salgan aproximadamente tantos pares como impares y, segundo, que la proporción de pares frente a impares tienda a ser del 50% para cada uno. Pero no puedes esperar un exceso de pares que *compense* lo que ya ha ocurrido. Las desviaciones no se cancelan en las siguientes tiradas, simplemente son diluidas.

La conclusión es que evites la falacia del jugador: no esperes que el azar te compense.

Da igual si tuviste buena o mala suerte en el pasado, en adelante debes esperarla normal. La fortuna ignora el pasado. Como escribieron Kahneman y Tversky, estamos confundidos con la justicia que atribuimos al azar: «El apostador siente que la justicia de una moneda le da derecho a esperar que cualquier desviación en un sentido será pronto cancelada por la desviación correspondiente en el otro sentido. Ni la más justa de las monedas, sin embargo, dadas las limitaciones de su memoria y moralidad, puede ser tan justa como espera el apostador».

Distingue entre explorar y confirmar

Donde te prevengo sobre el error número uno desde el boom del big data. *Además, descubrimos que tu horóscopo sí predice algo sobre ti.*

I

¿Crees que tu signo del Zodiaco sirve para conocerte? Seguramente piensas que no. Si has llegado hasta este punto del libro, lo probable es que no creas en el horóscopo y opines que el signo zodiacal de una persona no te dice nada sobre ella. Pues bien, tengo una sorpresa: tu signo sí predice algunas cosas sobre ti.

Pero empecemos por el principio.

En 2016, un joven danés que hacía su doctorado, Emil Kirkegaard, pensó que sería divertido acceder a una base de datos muy detallada sobre 70.000 personas. ¿Qué datos? Sus perfiles en la web de citas OkCupid. Era una página de la primera generación de ligar en internet, anterior a Tinder, cuando las aplicaciones intentaban buscar tu pareja ideal en lugar de conseguirte citas rápidas. Lo que hacían era pedirte mucha información. Te preguntaban por tu edad, tus estudios o tus ingresos, pero también si eras extrovertido, competitivo, artístico o capitalista, si te gustaba la cerveza, si los animales tienen alma, si te parecía bien que alguien se acueste con cien personas, si tenías pasaporte o si escupías al suelo. Te preguntaban de todo. Lo que hizo Kirkegaard fue extraer de la web de OkCupid las respuestas de 70.000 personas a 2.500 preguntas, y luego publicarlo en internet. Aquello generó una polémica comprensible sobre privacidad,* pero lo que me interesa aquí es una pregunta concreta: «¿Cuál es tu signo del Zodiaco?».

En OkCupid preguntaban por el horóscopo y el conjunto de datos era perfecto para estudiar el asunto. Podías cruzar la zodiacal con otras 2.500 variables y quizá demostrar que el signo de una persona es una invención y no dice nada sobre ella. Eso es lo que hizo Kirkegaard: analizó si había alguna característica de la gente que pudiésemos asociar con su horóscopo. ¿Resultado? Aparecieron 170 relaciones estadísticamente significativas. Los piscis se declaraban más «emocionales» y los escorpios más «intensos». Los libras destacaban por dos cosas: eran los más partidarios de «enseñar a sus hijos a creer en Santa Claus» y los que menos «creen en milagros». Los sagitarios, por otro lado, llamaban la atención porque eran los que más reciclaban, y porque el 50 % se sentían «más salidos que solitarios».

---

* Kirkegaard eliminó el nombre de usuario y la ciudad de las personas, pero el anonimato desde luego no era completo. Pensad en la chica que tiene 35 años, es de origen coreano y habla coreano, tiene un doctorado y dos hermanos, está delgada y es capricornio, y a la que le gusta el café, aunque no toma cada día. Si trabaja en tu laboratorio, es probable que la puedas identificar. Entonces sabrías cómo vota (a la izquierda), si se casaría con alguien que es bisexual (no está segura) o si le interesa el sexo anal (no). Y así hasta las 1.476 cuestiones que respondió en la web. Aquí he cambiado varios detalles para que no se la pueda identificar, pero podéis ver lo problemático que era el conjunto de datos en cuestión. La información original ya era pública, pero no es lo mismo dar permiso para que se muestre a otros usuarios registrados que buscan pareja que publicarla por todo internet. La revista *Wired*, más bien tecnooptimista, habló de este caso como un ejemplo de «los peligros de la ciencia de datos masivos».

¿Qué está pasando aquí? Hemos accedido a una base de datos gigante; nos hemos fijado en el signo zodiacal, pensando que no es real, pero nos hemos encontrado con 170 asociaciones que unen el signo de una persona y alguna característica suya. Además, un análisis estadístico convencional dice que esas relaciones son significativas al 95 % de confianza. Son tan claras que la probabilidad de que aparezcan por azar es de una opción entre veinte. ¿Qué significa esto? ¿Tenemos que empezar a creer en el horóscopo ahora? La respuesta es que no, porque el procedimiento de análisis que he descrito contiene un error: algo está mal hecho.

II

El problema es que hemos tentado a la suerte. De esas 170 asociaciones que hemos encontrado, la mayoría serán casualidades. Dadas dos series de datos, hay siempre cierta probabilidad de que sus valores parezcan asociados por casualidad, como si sacas al azar cinco fichas del Scrabble y forman una palabra.

Un caso famoso es la correlación casi perfecta que hubo durante años entre los divorcios en Maine y el consumo de margarina. Durante un tiempo, ambas cifras subieron y bajaron a la vez, como si estuviesen conectadas de alguna forma. Pero no había nada uniendo ambas cosas, era un capricho del azar, una correlación espuria que encontró Tyler Given, autor de un libro lleno de coincidencias absurdas. Otro ejemplo es la asociación entre Nicolas Cage y las muertes por ahogamiento: durante dos décadas, en los años en que el actor hacía muchas películas, coincidió que muchos estadounidenses morían en sus piscinas. Estos casos son inocuos, porque es evidente que son casualidades, pero que existan estas carambolas nos sirve de advertencia: el azar es una fuente de falsos descubrimientos.

Por eso, cuando hagas un hallazgo sorprendente, tienes que plantearte si habrá sido algo casual. Un resultado extraordinario necesita pruebas extraordinarias.

El proceso que usa Tyler Given para encontrar sus 30.000 correlaciones espurias sirve para ilustrar un peligro de ciertos análisis masivos. Supón que cogemos una serie de 32 datos, la que sea, como el número de veces que fuiste al gimnasio cada semana de 2022, y que tiene esta pinta:

Luego nos fijamos en otras 100.000 series diferentes, desde la temperatura media en Benidorm al número de japoneses que visitaron Barcelona.

Si cruzamos tus visitas al gimnasio (1) con las series (2), (3)... y así hasta 100.000, al final encontraremos alguna curva que es casi idéntica a la primera, que estará correlacionada al 99%. El procedimiento es evidentemente absurdo, pero

¿será significativa esa asociación? Con un criterio estándar de significancia al 95 %, muchas lo serán. Sin embargo, lo que estás haciendo es, casi literalmente, tirar un dado de 20 caras y creer que está trucado cada vez que sale un 20, como si eso fuese raro o significativo. Si haces un montón de lanzamientos, sacar algún 20 no tiene nada de singular. Esta misma lógica resuelve el misterio con el horóscopo y OkCupid.

La trampa es que aquella base de datos tenía 2.500 variables diferentes y las cruzamos todas con los signos zodiacales. Nos encontramos 170 asociaciones «claras», que no deberían aparecer más que una de cada veinte veces, pero eso es casi exactamente lo que pasó: un 5 % de 2.500 variables son 125. Para encontrar esas 170 asociaciones tiramos los datos —metafóricamente— 2.500 veces, de manera que dejan de ser verdaderas anomalías. Conclusión: la mayoría de las asociaciones que encontramos con el horóscopo se pueden explicar por azar. Tu signo del Zodiaco no predice realmente todo eso. Fue seguramente por casualidad que los sagitarios de la muestra de OkCupid eran más independientes, y si conseguimos datos nuevos de otras personas, la relación desaparecerá.

Ante un hallazgo, debes contemplar la posibilidad de que sea fruto del azar, especialmente cuando estás mirando muchas variables al mismo tiempo: si miras suficientes nubes, acabarás por encontrar una con forma de castillo, pero ni será un mensaje ni será nada más que una nube cualquiera.

III

El problema que acabo de describir se ha vuelto muy habitual por no distinguir los dos sombreros que puede usar un científico de datos. Uno sirve para explorar y otro para confirmar, que son tareas que conviene diferenciar claramente.

Como dice el título del capítulo, explorar no es confirmar.

Supón que un periódico digital nos pide ayuda para conseguir suscriptores. ¿Podríamos estudiar a sus lectores habituales y averiguar qué hace que algunos se decidan a pagar? Tienen mucha información de los usuarios. Saben si son jóvenes, si son mujeres, si viven en Madrid, si se conectan con el móvil, con qué frecuencia lo hacen y qué secciones leen. La pregunta es cómo usar todo eso, y un ejemplo de lo que no hay que hacer es el proceso del horóscopo y OkCupid. Es peligroso razonar así: «Vamos a ver cuál de estas 2.500 cosas que sabemos sobre nuestros lectores está más asociada con la suscripción y concluir que es un *driver* de la suscripción». Imagínate que lo hacemos. A lo mejor encontramos que los que se animan a pagar con más probabilidad son «mujeres jóvenes que los jueves leen noticias de ciencia». Quizá hemos dado con algo, puede que tengamos audiencia interesada en ciencia, que lee entre semana y se suscribe los sábados. Pero ¿cómo puedo estar seguro de que ese hallazgo no es una carambola por haber mirado mil cosas al tuntún?

Para evitar esa duda tenemos que separar las tareas de *exploración de datos* y de *confirmación de hipótesis*. El proceso de pasearte por un conjunto de datos es lo que llamamos «exploración». Es un proceso creativo, desordenado, donde vas generando ideas mientras haces gráficos o calculas porcentajes. Es un deambular sin destino. Cruzas unas variables con otras, vas pensando ideas y mirando qué dicen los datos al respecto. En una exploración atiendes a decenas de variables y a combinaciones de estas. Es un proceso esencial que sirve para encontrar patrones que luego se demuestren reales, pero es vulnerable al azar. Por eso distinguimos la exploración de la confirmación, que es un proceso más rígido y más restrictivo, diseñado para protegernos de las casualidades. Consiste en tres pasos:

1. Partir de una hipótesis.
2. Buscar unos datos nuevos.
3. Testar si en ellos se cumple tu hipótesis.

Este proceso es sencillo pero exigente. Primero, debes tener una hipótesis de partida, definirla con precisión y no cambiarla: «Creo que A causa B, manteniendo C constante». Segundo, necesitas unos datos nuevos —diferentes de los que usaste para generar la hipótesis en cuestión— y que solo podrás usar una vez. Bajo esas dos condiciones, el tercer y último paso es comprobar si se cumple en tus datos. Si efectivamente es así, tu hipótesis se habrá confirmado.

	Con hipótesis	Sin hipótesis
Miro datos una vez	CONFIRMAR	EXPLORAR
Miro datos n veces	EXPLORAR	EXPLORAR

Lo esencial de una confirmación es entender su rigidez. No puedes reformular tu hipótesis después de ver los datos, porque eso sería tirar dos veces los dados. Tampoco puedes alterar la definición de A —transformarla en A*— por el mismo motivo.

193

Puedes tomar estas decisiones, pero, si lo haces, estarás de nuevo en modo explorador. Para distinguir entre ambos procesos, ayuda pensar qué entra y qué sale de cada uno: explorar convierte datos en hipótesis; confirmar convierte hipótesis en hallazgos. Por eso se siguen uno a otro. Exploras un conjunto de datos para buscar hipótesis prometedoras, y luego usas datos nuevos —o que habías apartado— para confirmar que tus hipótesis eran sólidas.

Para acabar el capítulo, voy a intentar confirmar una hipótesis: ¿sirve saber tu cumpleaños para predecir tu estación favorita del año?

IV

Al principio he dicho que el signo zodiacal sí sirve para predecir algunas cosas sobre una persona. Es evidente, por ejemplo, que tu signo predice tu cumpleaños, y en un capítulo anterior ya vimos que nacer en enero aumenta tus probabilidades de ser futbolista, así que podemos anticipar que habrá más futbolistas que son acuario. Pero los datos de OkCupid apuntaban otras relaciones: ¿sabes cuál era la variable más fuertemente asociada con el horóscopo? La estación del año favorita. Había más encuestados que decían que les encantaba el verano entre los leos, que nacen en esas fechas, mientras que a los escorpios, que nacen en otoño, les gusta más esta época. Me llamó la atención pensar que a las personas nos puede influir un detalle así, inconscientemente o no: ¿podía ser cierto que algunos prefiramos una estación solo porque en ella es nuestro cumpleaños?

Preguntarnos esto es plantear una hipótesis. Se me ocurrió después de explorar los datos de OkCupid, donde esa asociación se cumplía. Pero ¿se cumplirá en general? Un punto a favor es que tiene una explicación plausible. A la gente le gusta su cumpleaños, y eso puede hacer que sea (un poco) más probable que elija cierta estación del año como su favorita. Además, sabemos que los humanos tenemos un sesgo egocéntrico que nos empuja a preferir cosas que tienen que ver con nosotros, como pasa con las letras que aparecen en nuestro nombre.

Decidí tratar de confirmar esa hipótesis, que podemos enunciar así: «Una persona nacida en cierta estación del año tiene mayor probabilidad de elegir esa estación como su favorita». Para ponerla a prueba, solo necesitaba unos datos nuevos para testarla. Preparé un formulario y pedí ayuda en Twitter con el fin de obtener respuestas. El cuestionario tenía dos preguntas: primero te pedía que me dijeses cuál es tu estación preferida (verano, otoño, primavera o invierno), y después, en la siguiente pantalla, te preguntaba cuándo habías nacido. Conseguí que respondieran 2.000 personas muy amables. Solo me preocupaba que la muestra fuese insuficiente, porque no esperaba que el «efecto cumpleaños», en caso de que existiese, fuese muy grande, pero los resultados me impresionaron. En el gráfico siguiente podéis ver las respuestas. Las líneas negras representan la estación favorita de todos los encuestados, mientras que las columnas muestran los resultados para las personas nacidas en cada estación.

Veréis que las diferencias son claras: la estación preferida en general es la primavera, para el 34 % de la gente, pero entre las personas que nacieron en primavera sus partidarios suben hasta el 41 %. Ese mismo efecto lo vemos en todas las estaciones. El invierno es la temporada que menos gusta, y solo la elige el 11 % de la gente, pero entre las 600 personas que nacieron en invierno, su popularidad sube al 13 %. No son diferencias

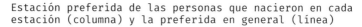

Estación preferida de las personas que nacieron en cada
estación (columna) y la preferida en general (línea)

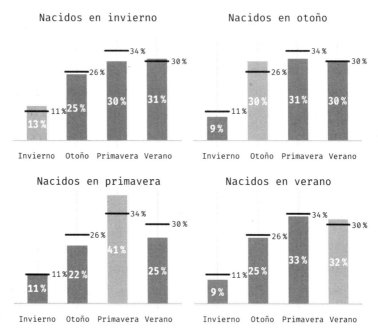

enormes, pero parecen significativas y satisfacen la hipótesis de la que partimos: si naces en cierta estación, es un poco más probable que sea tu preferida.

Este proceso es una confirmación. Fuimos a los datos con el único objetivo de ver si se cumplía o no una hipótesis previa. Hicimos una sola tirada de datos, y por eso lo que tenemos delante es un hallazgo: hemos logrado una pequeña victoria en la lucha por usar evidencias para descubrir algo nuevo.

Pero, otra vez, vamos a acabar un capítulo con una advertencia. Ningún hallazgo es absolutamente cierto.

No podemos estar cien por cien seguros de no haber tenido suerte dos veces, primero en la exploración y luego con la encuesta de Twitter. Con ese segundo paso aumentamos la probabilidad de que nuestra hipótesis sea cierta. Y podríamos aumentarla todavía más repitiendo la confirmación con una encuesta más grande y más representativa. Pero la certeza nunca será total. Hay que evitar la simplificación de pensar que solo hay dos estados para una teoría: incertidumbre y certeza. El proceso de confirmar una hipótesis no consiste en pasarla de un estado al otro, sino en empujarla en una dirección. Es un continuo:

```
Incertidumbre              ⊠        Certeza
     ?           ←—————————→        100%
```

La concepción bipolar de la incertidumbre está extendida. No es raro ver a técnicos y académicos que interpretan la significancia estadística como algo binario: hay resultados «estadísticamente significativos», por tanto ciertos, y otros no significativos, por tanto inexistentes. Pero eso es un error. Richard McElreath recomienda usar intervalos de confianza del 89% en lugar de los habituales 90% y 95%. ¿Por qué 89%? Por ningún motivo. Solo es una forma de recordarnos que esos umbrales son arbitrarios, y que no hay límites definidos para distinguir lo posible de lo probable. A la incertidumbre le dedicamos la sexta regla.

SEXTA REGLA

Predice sin negar la incertidumbre

Asume que reina la incertidumbre

Donde aceptamos un consejo de Obama: vamos a asumir la incertidumbre y a razonar usando probabilidades.

I

En marzo de 2009, un recién elegido Barack Obama tenía que decidir qué hacer con los bancos tras la crisis de las hipotecas basura. Era una patata caliente. El Gobierno estaba inyectando fondos públicos a grandes corporaciones de Wall Street para mantenerlas a flote y evitar un pánico contagioso que pusiera en riesgo a todo el sistema bancario, pero esa era una medida impopular. Más aún cuando se conocían noticias bochornosas al respecto, como que algunos directivos de esos mismos bancos hubiesen decidido pagarse un bono de mil millones de dólares en mitad de la crisis. En Estados Unidos se elevaban las voces que reclamaban mano dura, o, como le gustaba decir a Timothy Geithner, el secretario del Tesoro de Obama, «justicia del Antiguo Testamento». Había un «comprensible deseo de la ciudadanía de ver a los que habían hecho mal castigados y avergonzados», como recuerda el expresidente en sus memorias. Sin embargo, Obama y Geithner creían que la mejor solución era una más amable con los culpables: seguir con los llamados «test de estrés». El plan consistía en auditar a cada banco, decidir cuánto capital necesitaba y empujarlo a buscar financiación privada. Si no podía conseguirla, se le inyectaría dinero público, pero solo se nacionalizaría —la mano dura— si el rescate superaba el 50% de su valor. Obama pensaba que esa era su mejor línea de acción, «no porque fuera genial; ni siquiera porque fuera buena, sino porque los otros enfoques eran peores».

El demócrata aprendió pronto que ninguno de los problemas que acababan en su escritorio tenía una solución completa: «De haberla tenido, alguna otra persona que estuviera por debajo de mí en la cadena de mando ya lo habría resuelto». Su ejemplo es un caso límite, pero nos sirve. Todos enfrentamos problemas que no tienen una solución nítida.

Acepta que vives en la incertidumbre, aunque no te guste.

Ignoramos demasiadas cosas. Es así cuando decides rescatar unos bancos y cuando eliges la escuela de tus hijos. Tomamos decisiones bajo la bruma de la duda, como el expresidente estadounidense:

> Yo lidiaba constantemente con probabilidades: una probabilidad del 70%, pongamos por caso, de que la opción de no hacer nada terminara en desastre; una probabilidad del 55% de que tal enfoque en lugar de tal otro pudiera resolver el problema (con una probabilidad del 0% de que funcionara exactamente como se esperaba); una probabilidad del 30% de que lo que fuera que eligiéramos no funcionara en absoluto, junto con una del 15% de que en realidad agravara el problema.

Asumir que vives entre dudas suena débil y dubitativo, como el científico que es incapaz de dar validez a lo que tiene ante los ojos porque todavía no se ha publicado en *Nature*. Pero Obama demuestra que este es un falso dilema; aceptar tu ignorancia no significa que tengas que caer en un bloqueo inoperante. El expresidente entendía ese conflicto:

[B]uscar la solución perfecta conducía a la parálisis. Por otra parte, «seguir tu instinto» implicaba con demasiada frecuencia dejar que fueran las nociones preconcebidas o la vía de menor resistencia política las que guiaran una decisión, y utilizar luego determinados datos escogidos para justificarla.

Obama tomaba decisiones firmes y luego descansaba por las noches, no por sentirse infalible, sino porque confiaba en su método.

Me di cuenta de que, mediante un proceso riguroso —uno que me permitiera dejar mi ego aparte y escuchar de verdad, siguiendo los hechos y la lógica lo mejor que pudiera y considerándolos junto con mis objetivos y mis principios— podía tomar decisiones difíciles y seguir durmiendo bien, sabiendo como mínimo que nadie en mi situación, dada la misma información, podría haber tomado una decisión mejor.

Pensando fríamente, es obvio que ignoramos mucho. Lo extraño es que está en nuestra naturaleza negarlo. Como dejó escrito el psicólogo Amos Tversky, «el ser humano es un instrumento determinista lanzado a un universo probabilístico». Si nos dicen que mañana hay un 72% de posibilidades de lluvia, lo que escuchamos es que lloverá. El cerebro parece programado para proporcionar la máxima certidumbre que pueda, para defender una interpretación, «no para representar toda la incertidumbre de una situación dada». Tu intuición emite juicios firmes como si los necesitase para actuar, pero es un impulso que tienes que combatir, porque es falso. La vía alternativa es la de Obama, actuar sin negar la incertidumbre. Es también el método de la ciencia, porque, aunque en el imaginario popular se asocia lo científico con la certidumbre, eso también es falso: como dijo el físico Richard Feynman, la ciencia es la cultura de la duda.

II

Una complicación a la hora de seguir la vía Obama es que a nuestra intuición se le da mal pensar en probabilidades, como se demuestra con el test vampírico.

Supón que entre nosotros viven vampiros. Afortunadamente, existe un test que los detecta con una sensibilidad del 95% (si testas a un vampiro, el 95% de las veces da positivo); y solo devuelve un 1% de falsos positivos (99 de cada 100 humanos dan negativo). Esta mañana ha habido una redada y tu cuñado ha dado positivo: ¿qué probabilidad hay de que efectivamente sea un vampiro? Piénsalo un momento, si quieres.

La mayoría de la gente dice que hay un 95% de probabilidades. Un vampiro tiene 95 veces más opciones de dar positivo que un humano, y, sabiendo eso, ¿no es lógico apostar por que tu cuñado será un vampiro? La respuesta es que no tiene por qué, ya que nos falta un dato que es básico, aunque suele pasar desapercibido: la frecuencia base o probabilidad a priori. Para decidir sobre tu cuñado, es vital que sepamos cuántos vampiros hay entre nosotros. Antes de testarlo, ¿qué opciones había de que fuese un vampiro? Esa probabilidad a priori puede ser desconocida, pero es esencial pensar en ella para responder a mi pregunta.

Por ejemplo, supón que la mitad de las personas son vampiros. Entonces sí tendría sentido apostar por que tu cuñado lo será. Antes de testarlo tenía un 50 % de opciones de serlo, y después de dar positivo subieron al 99 %. Se ve fácilmente si pensamos en frecuencias en lugar de probabilidades. Imagina una población de 100 vampiros y 100 humanos:

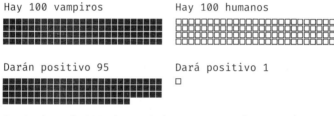

Pero ¡nada implica que tenga que haber tantos vampiros! De hecho, en la mayoría de películas y novelas no es así. Por ejemplo, ¿y si entre la población solo hay un vampiro por cada 1.000 humanos? En ese caso, tu cuñado seguramente es lo segundo, una persona corriente. En un universo con tan pocos vampiros, la gran mayoría de quienes dan positivo son humanos para los que el test falló.

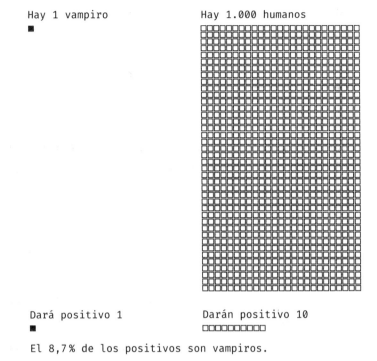

Hay 1 vampiro

Hay 1.000 humanos

Dará positivo 1

Darán positivo 10

El 8,7% de los positivos son vampiros.

La clave aquí es darnos cuenta de que las frecuencias base cambian por completo los resultados, aunque tu intuición tiende a ignorarlas. Por eso hay que dedicarles especial atención.

Piensa en las probabilidades a priori: ¿cómo de probable es cada alternativa cuando no sabes nada específico?

Esta *falacia de la frecuencia base* es otro de los problemas que tiene nuestra intuición con conceptos estadísticos. En este caso, lo que se le escapa es el teorema de Bayes, que es la ley matemática para hacer los cálculos anteriores. Nos estábamos preguntando por la probabilidad de que una persona sea un vampiro habiendo dado positivo (o *condicionada* al hecho de haber dado positivo), y el teorema dice que esto se puede calcular con la siguiente expresión:*

$$P(\blacksquare|posit.) = \frac{P(\blacksquare) \times P(posit.|\blacksquare)}{P(\blacksquare) \times P(posit.|\blacksquare) + P(\square) \times P(posit.|\square)}$$

La forma sencilla de interpretar esta fórmula es fijarse en que es una fracción, como vimos en los dibujos: de toda la gente que da positivo, sumando vampiros y no vampiros (denominador), ¿qué parte son los primeros? (numerador). Lo que dice la fórmula es que eso depende de cuatro variables. Por un lado, es función de P(posit. | $\blacksquare$) y P(posit. | $\square$), es decir, de lo probable que sea dar positivo siendo vampiro o humano, que corresponde a las dos cifras del test: 95 % y 1 %, respectivamente. Pero en la fórmula también aparecen las dos probabilidades a priori, la de que una persona *cualquiera* sea vampiro, P($\blacksquare$), o humana, P($\square$). Estos números son los que tendemos a olvidar, aunque su valor es determinante.

Lo llamativo de este caso es que, aunque estamos hablando de una ley básica de la probabilidad, a nuestra intuición le suena a chino. Da igual que nos den todos los datos: sin hacer los cálculos paso a paso, nuestro cerebro encalla. También es curioso que nuestras dificultades dependen de cómo se formule el problema. Si en lugar de usar probabilidades usamos frecuencias, como hice en los dos dibujos, mucha gente lo ve rápidamente. No tengo ni idea del motivo, pero así son las cosas. Nuestro cerebro es muy ágil con algunas tareas complicadas, como aplicar la fuerza justa para sostener un vaso sin romperlo, pero pensar en probabilidades no es una de ellas.

* Donde «$\blacksquare$» es el evento «ser vampiro», «$\square$» es «ser humano», «posit.» es «haber dado positivo en el test», «P(.)» es la probabilidad de un evento y el símbolo «|» indica que esa probabilidad es la de un evento condicionado a otro.

III

Para cerrar este capítulo vamos a pisar terreno filosófico y preguntarnos qué es la probabilidad. ¿Qué significa que una lanzadora tenga un 70% de probabilidades de marcar el penalti que va a tirar? Sitúate en el instante justo en que empieza su carrera hacia el balón. En ese momento, ¿cuál es la *verdadera probabilidad* de que el penalti acabe en gol? Hay dos opciones. Lo más seguro es que sea del 0% o del 100% si el universo está determinado y el tiro está condenado a fallar o entrar, respectivamente. O quizá es un número intermedio si el universo tiene una componente aleatoria a nivel cuántico, como sostienen algunos físicos teóricos. Pero esa pregunta, por fascinante que pueda ser, es del todo irrelevante para nuestros propósitos. En el día a día no usamos las probabilidades para describir la realidad, sino para describir *nuestro conocimiento de esa realidad*.

Como dice McElreath: la probabilidad está en el modelo, no en el mundo.

Lo más útil es entender la probabilidad como una descripción de la incertidumbre;* un número para medir el grado de certeza que tenemos sobre los fenómenos que estamos modelando (formalmente o no). No importa si esa incertidumbre es empírica o epistemológica. Cuando decimos que cierto penalti tiene un 70% de probabilidades de acabar en gol, nos referimos a que, dado nuestro conocimiento limitado sobre la tiradora y sus circunstancias, ese es el grado de plausibilidad que asignamos

---

* Esa es una interpretación bayesiana, en contraposición al frecuentismo estricto, pero no nos interesa discutir esa diferencia aquí.

al hecho de que marque. Pero lo importante es entender que este dato no tiene un significado profundo; no es que cada tiro esté indeterminado al 70%, es que desconozco aquello que lo determina. El universo no tira un dado metafísico para decidir el penalti, simplemente deja que las leyes físicas exhiban su complejidad, que es demasiada en este caso como para hacer predicciones más firmes. Que acabe en gol dependerá de la fuerza del viento, de la presión del balón, del apoyo del público, de la respiración de la portera, del último pensamiento de la tiradora antes del pitido del árbitro y de un millón de factores diminutos que somos incapaces de anticipar y que por eso llamamos azar.

La aleatoriedad es una propiedad de nuestra información. Decimos que tirar un dado al aire es impredecible, aleatorio. Pero ¿qué significa eso? No hay nada mágico en un dado. Si pudiésemos medir la velocidad del cubito, si conociésemos su geometría y cada una de sus imperfecciones, si supiésemos el ángulo del tiro y la fuerza que ejerce la gravedad en este lugar concreto…, si tuviésemos todo ese conocimiento, podríamos predecir con exactitud qué número va a salir en cada lanzamiento. Presumiblemente, si dispusiéramos de una información completa del universo, lo prediciríamos todo con exactitud. La física de un dado es la misma que desliza un sólido por un plano inclinado. La diferencia es que somos capaces de predecir mejor lo segundo que lo primero, pero esa frontera nos define a nosotros, no al tejido del mundo.

Predice con probabilidades

Donde defiendo a Nate Silver, el estadístico que dijo que Trump tenía un 29% de opciones de convertirse en presidente de Estados Unidos en 2016.

I

Las elecciones estadounidenses de 2016 tuvieron entre sus protagonistas a uno sorprendente: un estadístico convertido en estrella. Nate Silver había transformado la cobertura de la actualidad política en la década anterior. En 2008 era un joven aficionado a las estadísticas del béisbol que empezó a publicar un blog con números sobre las elecciones de aquel año. Después de recoger todas las encuestas que se iban publicando, usaba un modelo estadístico para pronósticos en forma de probabilidades. Decía cosas como que Barack Obama tenía un 60% de opciones de ganar las elecciones, o que John McCain ganaría Texas con una probabilidad del 91%. Pero ¿cuántas personas querrían seguir la política a través de modelos estadísticos? Resultó que muchas. Silver tuvo un éxito fulgurante. En 2008 escribía sus artículos en un blog personal, *FiveThirtyEight*, pero cuatro años después ese mismo blog lo publicaba el periódico más leído del mundo, *The New York Times*. En 2013, fichó por la cadena de televisión ABC News, llevándose su marca con él, y el diario tuvo que buscarle un sustituto para seguir ofreciendo predicciones a sus lectores. Cuando llegaron las elecciones de 2016, los principales medios estadounidenses habían contratado a imitadores de Silver, y sus métodos, que ocho años antes eran una rareza, se habían convertido en una parte central de la información política.

Esa era la situación en enero de 2016, cuando arrancó la carrera entre Hillary Clinton y Donald Trump. Las predicciones del modelo de Silver estaban en el centro del debate, ocupando las discusiones de Twitter y los análisis televisivos. Se podían consultar en una web que se actualizaba cada día y que fue la página de prensa más leída del mundo ese año. Pero, a pesar de las fluctuaciones, en ese enlace hubo siempre una favorita; el 2 de noviembre, el día antes de la votación definitiva, el modelo de Nate Silver dejó de actualizarse y registró su último pronóstico: Clinton tenía un 71 % de probabilidades de ganar las elecciones.

Pero fue Trump quien se hizo con la presidencia. El republicano se llevó los delegados de varios estados donde las encuestas lo veían como probable perdedor, hasta sumar 304 votos electorales frente a los 228 de Clinton. Viví aquella madrugada en la radio, invitado por Carlos Alsina, y recuerdo cómo la sorpresa fue calando en nosotros y en medio planeta. Se fue extendiendo una sensación de «¿Y ahora qué?» que no he vivido ninguna otra noche electoral. El recuento empezó pronto a enviar señales de que Trump lo estaba haciendo mejor de lo previsto en los estados del este, que son los primeros en cerrar sus colegios. Recuerdo el momento en que le dije a Alsina que creía que iba a ganar Trump, en directo, en mitad de la madrugada. Unas horas después se confirmó la victoria del republicano y llegó la tormenta para Nate Silver.

¿No decían esos modelos tan sofisticados que iba a ganar Clinton con un 71 % de «no sé qué»? La televisión y la prensa se llenaron de dedos acusadores contra las encuestas, contra Silver y contra sus defensores. ¿Qué había pasado con esos gráficos tan bonitos que llenaban los periódicos supuestamente serios? La estadística había fracasado, incapaz de anticiparse a Trump. En el punto álgido, una parte del periodismo estadounidense entonaba el *mea culpa* y pedía reflexionar sobre el papel de las encuestas en la prensa. Había que apagar los ordenadores, decían, volver a las calles y hablar con los americanos corrientes. Estaban exagerando, pero además su lógica era absurda: ¿había que salir a la calle y hablar con la gente? ¡Una encuesta es exactamente eso!

Aquella tormenta se sintió también en España. Y me salpicó. Por entonces, yo había publicado modelos inspirados en los de Silver para cuatro elecciones españolas. Es más, me acababan de contratar en *El País* en parte porque sabía hacer eso. Era una víctima colateral, pequeñita, y pensé mucho en las raíces de aquella reacción furibunda contra Silver y contra gente como yo. Ahora que han pasado seis años es evidente que no fue más que una polvareda que quedó en nada. Resultó ser una pausa bastante breve, previa a la transformación que vino luego: hoy los datos son centrales en las coberturas electorales y también en casi cualquier asunto de los que cubren los medios, da igual si es la erupción de un volcán, la final de un Mundial de fútbol o una pandemia. Observar aquellos ataques contra las predicciones fue revelador, y ahora, con la perspectiva que dan los años, creo que detrás hubo tres motivos que los explicaban: una venganza, una buena razón y una mala interpretación.

La venganza es fácil de entender. Quienes trabajábamos con datos teníamos enemigos porque habíamos ocupado espacios en los medios, que son un bien limitado. En los periódicos, la televisión y la radio hay un número finito de páginas, sillas y micrófonos. Para que se vean nuevas caras hay que sacar a gente antigua... y esa gente se resiste a marcharse. En 2016 se levantaron voces que no sabían nada de estadística y que no sentían ninguna curiosidad por el trabajo de Silver, pero que lo criticaban con la esperanza, consciente o no, de desmontar su trabajo y ver si alguien volvía a invitarlos a sus programas.

El segundo motivo para las críticas es que había una legítima: hay que reconocer que los detractores de Silver sí tenían razón cuando señalaban que el estadístico no era el mago que algunos pretendían que fuese. Su popularidad se había construido en parte sobre una exageración. En 2008 había acertado el ganador en 49 de los 50 estados de Estados Unidos, y en 2012 pronosticó 50 de 50. Esa precisión lo había convertido en «el-hombre-que-acertó-todos-los-estados», que era una publicidad estupenda pero envenenada porque Silver había tenido suerte. Las elecciones de 2012 fueron raras, ya que no hubo ninguna sorpresa: de una docena de estados dudosos, todos cayeron del lado más probable, algo que el propio modelo hubiese calificado de extraño.

El mito de Silver enarbolaba la virtud equivocada. La ventaja de los modelos probabilísticos no consiste en ser superprecisos, sino en ser más confiables. Es decir, no es que acierten cuando las encuestas fallan, sino que son más cautos y evitan errores sorpresivos. Esto nos llevará al tercer motivo tras las críticas, que es el más interesante: lo que falló en 2016 no fueron las probabilidades, sino su interpretación.

II

Los modelos electorales de Nate Silver, igual que los que hicimos después en *El País* o en *The Economist*, se distinguen por tres características. La primera es que se alimentan de muchas encuestas, que son la fuente de su poder predictivo; la segunda es que predicen más que votos, para estimar resultados de escaños, por ejemplo. Pero la tercera y la más importante es que son modelos probabilísticos; es decir, que predicen con probabilidades. Eso es lo esencial. En lugar de expresarse como una encuesta y sostener que «Clinton ronda el 52 % de votos», sus pronósticos dicen que «Clinton tiene un 71 % de opciones de ganar». Esa predicción es mejor. Por un lado, porque responde la pregunta central —quién va a gobernar— y, por otro, porque contiene más información: declara qué resultado es más probable, pero también cómo de probable es exactamente. Esto es algo que conviene imitar:

Predice con probabilidades, pues son el lenguaje para hablar del futuro.

En realidad, la gran virtud de un pronóstico probabilístico es que te dice cómo de raro es que este se equivoque. Esa información te la puedes ahorrar si tienes una máquina de predecir perfecta, pero es muy útil cuando los pronósticos son inciertos. Piensa en la aplicación del tiempo que llevas en el móvil. ¿No es mejor que informe de que mañana hay un 71 % de posibilidades de que llueva a que diga que lloverá y luego falle una cada tres veces? Una probabilidad es una predicción y, al mismo tiempo, una advertencia: «Cuando estuve así de seguro en el pasado, una de cada tres veces no llovió».

Es lo que decía el modelo de Silver en 2016.

Clinton tenía un 71 % de opciones de ganar, lo que significaba que las elecciones estaban abiertas. Había una candidata favorita, pero el resultado no estaba decidido. De hecho, el pronóstico podía (y debía) traducirse así: «Clinton es favorita, pero dada su ventaja en ciertos estados, y sabiendo cómo de precisas han sido las encuestas en el pasado, la probabilidad de que se equivoquen estas es del 29 %. Es decir, Trump todavía ganará una de cada tres veces».

Eso nos lleva al malentendido que ya mencioné, el tercer motivo de los ataques. El fallo principal de 2016 fue dejar que algunos tradujesen esa información tan sutil con un burdo «ganará Clinton». El pronóstico original respetaba la incertidumbre del mundo, pero la versión traducida no lo hacía. Hubo periodistas y comentaristas políticos que no entendieron lo que significaba que Trump tuviese un 29 % de opciones de ser presidente. O que no quisieron entenderlo. Pero es difícil responsabilizar a Silver de eso. El estadístico intentó comunicar la incertidumbre que describía su modelo, pero solo fue escuchado por sus partidarios, no por sus críticos. La semana de las elecciones el estadístico pedía cautela a gritos con titulares como este: «No ignoréis las encuestas: Clinton lidera, pero la carrera está apretada». Se pasó esos días advirtiendo de que Trump podía ganar. De hecho, hubo quien le acusó entonces de inflar las opciones del republicano para conseguir más visitas a su página web. ¿No es paradójico? Un día tienes críticos por decir que Trump puede ganar, y al día siguiente los tienes por no haber anticipado su victoria.

De la mala experiencia de Silver podemos extraer una segunda lección: preocúpate de comunicar bien las probabilidades y otras ideas poco intuitivas.

Como vimos en el capítulo anterior, se nos da mal razonar con probabilidades. Nos parece que un 71 % es mucho más que un 29 %, porque, al fin y al cabo, es el doble de opciones. Pero pensar así es un error. Lo que estaba diciendo el modelo de Silver era que un candidato estrambótico como Trump podía ganar. Deberían haber sonado las alarmas. Tener un 29 % de opciones hacía su victoria tan plausible como ver fallar un penalti, que es algo que ocurre continuamente. Nadie mira un lanzamiento y piensa: «Se marcan el 70 %; por lo tanto, será gol seguro. Puedo apagar la televisión y preparar la cena». Los sucesos con probabilidad 1 entre 3 son comunes. Y somos conscientes. ¿Queréis otro ejemplo? La victoria de Trump en 2016 era un riesgo tan alto como jugar a la ruleta rusa con un revólver que tiene dos balas en el tambor. ¡A nadie se le ocurre jugar! Porque entendemos que un 33 % de probabilidades significa que te puedes volar la cabeza con facilidad. En resumen, está bien decir que a las personas nos cuesta pensar en términos probabilísticos, pero es también evidente que los entendemos cuando nos interesa.

III

En el siguiente capítulo veremos otras ventajas de predecir con probabilidades, pero antes quiero volver a prevenirte sobre un argumento falaz: asumir que hay tensión entre aceptar la incertidumbre y tomar decisiones. Como nos explicó Barack Obama, ese dilema no existe en realidad.

No necesitas certezas para actuar.

Puedes tomar tus decisiones sin saber seguro cómo resultarán. No hay contradicción, aunque dos facciones distintas te intenten convencer de que sí la hay. En un extremo están quienes cometen el *error del hombre de acción*, que argumentan que las probabilidades son una precisión innecesaria, porque solo hay que saber qué alternativa es mejor, A o B. Son los que te piden que te mojes y digas quién va a ganar, como si dar ese pronóstico fuese más preciso que dar una probabilidad (no lo es). Al hombre de acción hay que explicarle que la precisión sí importa. Si te vas a casar este domingo y dan un 29 % de probabilidades de lluvia, ¿vas a dar por hecho que no lloverá y seguirás con todos los planes? Quizá harías eso con un 1 %, pero con un 29 % es absurdo. La decisión correcta es poner una carpa en el jardín, por si acaso. El número sí importa. Tomar buenas decisiones no depende solo de cómo de probable es cada resultado, también influye el coste (o beneficio) de cada uno. La boda es un ejemplo, porque poner la carpa es menos doloroso que ver tu boda arruinada por la lluvia. Pero hay casos aún más extremos, como el de un inversor de capital riesgo. Esta persona no puede pensar en binario, porque la mayoría de las nuevas empresas fracasarán; lo que necesita es distinguir entre las que tienen un 1 % de posibilidades de éxito y las que tienen un 20 %, porque encontrar estas últimas le valdrán para multiplicar su dinero. Para acertar con tus decisiones no necesitas que todas sean impecables; si estás protegiéndote de grandes riesgos o aspirando a grandes premios, te bastará con acertar solo algunas veces.

En el otro extremo nos encontramos con el error del cientificista, una forma de inacción por incertidumbre propia de académicos despistados que exigen certeza antes de tomar decisiones. Un ejemplo límite es la trampa del 95 % de confianza, que ya mencioné en la quinta regla. Por buenos motivos, la ciencia es muy exigente antes de dar un resultado por cierto, y por eso los científicos están entrenados para ser cautos y posponer sus juicios. De ahí surge la convención del 95 %. Se ha dicho siempre que un resultado solo es estadísticamente significativo si la probabilidad de que se dé por casualidad es de menos del 5 %. Pero ese umbral es arbitrario y la certidumbre es un continuo, como ya dije. Es erróneo razonar como si solo hubiese dos estados para el grado de certeza: lo probado científicamente y, por tanto, «cierto», y aquello sobre lo que no sabemos nada, totalmente «incierto». Por eso, como dice el estadístico Andrew Gelman, «es inapropiado esperar a tener significancia estadística antes de emitir un juicio».

Un ejemplo de ese error es el concepto de «empate técnico» que usan algunos comentaristas políticos cuando la ventaja de un partido es inferior al margen de error del sondeo. Si la formación ronda el 32 % de votos y su rival el 30 %, y sabiendo que el margen de error es del ±3 %, su razonamiento es que ambos partidos están en empate técnico. ¡Pero no es verdad que estén empatados! Es solo que no podemos decir con una seguridad del 95 % que el primer partido va por delante, pero probablemente sea así. Este ganará quizá dos de tres veces, y esa confianza relativa es suficiente para actuar. Primero, porque muchas decisiones no pueden esperar, y, segundo, porque no actuar también es una decisión. Si estás a punto de cruzar la calle y escuchas un sonido que podría ser un coche, harás bien en detenerte, aunque no estés seguro al 95 %.

La pandemia de 2020 fue un ejemplo de la tensión entre científicos y decisiones públicas. El epidemiólogo y académico Michael J. Mina, hablando de Estados Unidos, lo expresa así: «[H]emos delegado en académicos. Y creo realmente que esto es un error, porque los académicos no están entrenados para tomar decisiones con el mejor conocimiento disponible en cada momento. Están entrenados para tomar decisiones basadas en los artículos de *Nature* que leyeron hace diez años. No están preparados para adaptarse al entorno. Quieren precisión académica, quieren valores p y significancia estadística». No estoy del todo de acuerdo con él, porque me alegro de que los científicos jugaran un papel destacado en la gestión de aquella crisis, pero entiendo el dilema que señala. Los científicos tienen una concepción de la incertidumbre que es diferente de la del expresidente Obama, o de la que tienes tú cuando decides si dejas que tus hijos usen el iPad. Ellos no tienen ninguna prisa, tú tienes que decirles algo.

La solución es la del expresidente: ten una mirada científica, recaba evidencias y mantente cauto, pero respeta la incertidumbre del mundo y asume que tendrás que actuar con información incompleta.

Piensa como un superpronosticador

Donde hablo sobre una comunidad en internet que se dedica a predecirlo todo, desde la próxima pandemia hasta la posibilidad de una guerra nuclear.

I

El 24 de febrero de 2022, el día en que Rusia invadió Ucrania, alguien escribió un mensaje de agradecimiento en un foro de internet: «Solo quiero decir que me mudé de Kiev a Lviv el 13 de febrero gracias a este hilo de predicción y a sus estimaciones. Salgo de Ucrania hoy. Gracias a todos». El mensaje lo dejó el usuario availablegreen en Metaculus, una comunidad que se dedica a predecir el futuro. Allí, un grupo de gente responde preguntas como la que lo empujó a dejar su ciudad: «¿Rusia invadirá Ucrania antes de 2023?». En diciembre, su predicción decía que había un 40% de probabilidades de que esto sucediera; en enero, las opciones fueron subiendo, y para el 13 de febrero, cuando availablegreen dejó Kiev, eran del 60%.

Estas comunidades de predicción viven un auge. En sitios web como Metaculus, Polymarket, Good Judgment o Insight se plantean preguntas de todos los temas. Sobre política: «¿Ganará Macron las elecciones francesas?». Muy probable (94%). Sobre la pandemia: «¿Añadirá la OMS una nueva variante de COVID-19 a la lista de "preocupantes" en 2022?». Probable (74%). O sobre catástrofes: «¿Qué riesgo hay en Londres de morir el mes que viene por una explosión nuclear?». Unas 24 micromuertes (24 opciones entre un millón). Hay plataformas donde se hacen predicciones para ganar dinero y criptomonedas, pero la motivación principal es una mezcla de afición y compromiso. Es lo que me explicó el madrileño Nuño Sempere, que forma parte de un equipo de reputados pronosticadores: «Metaculus es un grupo de personas que piensan que estas preguntas son importantes, y que tener modelos del mundo que sean capaces de hacer predicciones es importante». Es una comunidad colaborativa, como Wikipedia o Reddit, pero «en vez de escribir artículos o seleccionar contenido interesante, genera investigaciones y una probabilidad que las resume». Un aspecto interesante es que la gente en estos grupos no suele tener información privilegiada. Lo que hacen es explotar fuentes abiertas, rastrean internet en busca de informes, estudios científicos, noticias de prensa o vídeos de redes sociales. Como dijo Sam Freedman hablando de la guerra en Ucrania: «Cualquier persona en Twitter puede, si filtra bien la información, estar mejor informado en tiempo real sobre el curso de la guerra que Lyndon Johnson sobre Vietnam».

Seguí las predicciones de estos grupos sobre la invasión rusa de Ucrania. La comunidad no estaba del todo satisfecha con su grado de acierto, pero a mí me parece meritorio haber dicho en enero que la invasión era probable. También presté atención a otra predicción que empezó fallida, pero que cambió deprisa. ¿Caería Kiev bajo control ruso antes del 1 de abril? El segundo día de la invasión, en Metaculus veían probable que eso fuera así (80%), como la mayoría de observadores, que esperaban un avance rápido de los rusos. Pero pronto corrigieron. Al quinto día, la probabilidad había bajado al 67%, y para el 15 de marzo era de solo un 10%. Por entonces, mi equipo de *El País* estaba actualizando a diario mapas con el avance ruso, y estos números me resultaron útiles. Eran un juicio informado, claro y decidido a acertar. Sus conclusiones no eran muy distintas de las que iba sacando yo, pero había una diferencia importante: para leer las suyas me bastaban cinco minutos, mientras que producir las mías me exigía horas de rebuscar entre la prensa internacional, rastrear redes sociales y leer a expertos en estrategia militar.

Otro éxito de Metaculus fueron sus predicciones durante la pandemia de la COVID-19. Juan Cambeiro, al que conocí cuando encabezaba el ranking de los mejores pronosticando cuestiones sobre el nuevo virus, y que ahora trabaja para Metaculus, me puso el ejemplo de la variante ómicron. Tras su aparición, los pronosticadores predijeron con éxito que la nueva cepa reemplazaría rápidamente a la delta, y anticiparon tres de sus características: sería más transmisible y erosionaría la protección frente al contagio que conferían las vacunas, pero sería menos letal. Como predicción, no está nada mal para un grupo de supuestos aficionados.

Es fascinante pensar en el futuro de estas plataformas. Todos tenemos que tomar decisiones bajo incertidumbre, da igual si eres la directiva de una gran empresa o un joven que duda si comprarse una casa por miedo a la recesión. ¿Estos pronósticos abiertos servirán para informar nuestras decisiones y ayudarnos a tomarlas? Suena a ciencia ficción, pero ya está pasando, como demuestra el ejemplo de availablegreen. Como él mismo me contó, es un joven bielorruso que vivía en Kiev, la capital ucraniana, y que en febrero de 2022, preocupado por la posibilidad de que Rusia invadiese el país, recordó haber leído sobre estas plataformas. «Fui a ver qué decían los mercados de predicción», me dijo. Vio que allí la invasión rusa se consideraba algo probable, y, confiando en esa red de personas anónimas y en las noticias que veía en la prensa internacional, tomó su decisión de abandonar primero Kiev y luego Ucrania.

II

Las predicciones como las de Metaculus fueron popularizadas por dos profesores de Pensilvania, Philip Tetlock y Barbara Mellers, que en 2013 ganaron un torneo de pronósticos financiado por la IARPA, una agencia de inteligencia de Estados Unidos. Demostraron que algunas personas son mejores haciendo predicciones —a quienes luego llamarían superpronosticadores— y que podían agregar sus juicios para batir a los expertos de la CIA. Desde entonces, la pareja de científicos se ha dedicado a investigar cómo hacer mejores predicciones.

Pronto descubrieron que es una habilidad. El primer año separaron al 2 % de los participantes con puntuaciones más altas, y al año siguiente confirmaron que estos volvían a hacerlo mejor que los demás. No era suerte, sino capacidad. Como ha explicado Mellers, «existe una habilidad de predicción subyacente». Descubrieron que era una capacidad general que no dependía de poseer un conocimiento experto, porque las preguntas del torneo tocaban multitud de temas, desde elecciones hasta guerras. ¿Quién sería el presidente de Rusia en dos años? ¿Cuántos refugiados saldrían de Siria ese invierno? ¿Cómo de rápido crecería la economía de China? Los superpronosticadores resultaron ser «supergeneralistas», expertos en encontrar información y ponderarla para emitir juicios. Eran gente como Bill Flack, un especialista en sistemas de irrigación, ya retirado, que había trabajado en el departamento de Agricultura de Nebraska. Pero ¿qué tenían de especial esas personas? ¿Eran de una

pasta especial o se distinguían por sus métodos? Lo que descubrieron Mellers y Tetlock fue una mezcla de ambas cosas. Los
superpronosticadores como Flack poseen características innatas;
son inteligentes, curiosos, humildes, se manejan bien con números, creen en el azar y destacan por tener mentes abiertas.
Pero predecir también es una habilidad que puede cultivarse.

Piensa como un superpronosticador.

Para ello he recopilado siete buenas prácticas que puedes
seguir para hacer unas mejores predicciones.

1. *Predice con probabilidades*

Los superpronosticadores expresan sus predicciones con probabilidades numéricas. Esto les sirve para ser precisos, pero sobre
todo para que sus juicios sean falsables: si cuando dicen que hay
un 90 % de probabilidades de que llueva fallan el 30 % de las veces, podremos pedirles cuentas. Es precisamente por este motivo
que, fuera de los mercados de predicción, casi nadie se expresa
así en público.

Por ejemplo, los comentaristas en medios de comunicación, como periodistas o expertos, preferimos hacer pronósticos
más vaporosos. Decimos que cierta persona «podría ser nom-
brada ministra» (¡claro que podría!), o que «tiene posibilidades»
(¿cuántas?). Es comprensible que nos protejamos de esa manera,
porque es humano ser precavido, pero en cierto modo es una
trampa. Si uno se toma en serio las predicciones, debería exigir
números. Es lo que hizo el Reino Unido durante la pandemia
con los epidemiólogos que asesoraban al Gobierno. Estos emi-

tían valoraciones subjetivas, pero sus palabras representaban cifras precisas. Si decían que algo era «muy improbable», era porque pensaban que tenía un 15% de probabilidades de ocurrir, por ejemplo; y si hablaban de una «posibilidad real» era porque había casi un 50% de opciones de que algo sucediese.

Prob.	
<5%	Posibilidad remota
10% 20%	Muy improbable
25% 35%	Improbable
40% 50%	Posibilidad real
55% 65% 75%	Probable
80% 85% 90%	Muy probable
>95%	Casi seguro

2. Preocúpate de estar bien calibrado

Los superpronosticadores quieren que sus predicciones se cumplan el máximo de veces, pero se exigen más que eso. Observa los resultados de dos superpronosticadores hipotéticos. Ambos han logrado una exactitud del 71%, que se refiere al número de veces que han acertado.* Pero el primero es un peor pronosticador, porque está mal *calibrado*.

* Esta es una forma simplista de evaluar la exactitud de una predicción probabilística, tratarla como si fuese binaria: si un suceso tiene una probabilidad superior al 50%, interpretamos la predicción como que ocurrirá, y si es inferior, como que no ocurrirá. Pero hay métodos mejores de medir la exactitud. Una métrica habitual es la puntuación de Brier. Un modelo es exacto si predice con una confianza del 100% y acierta siempre (puntuación de Brier = 0); y es totalmente inexacto si hace predicciones con una confianza del 100% y falla siempre (puntuación de Brier = 2). En medio hay un universo de grises, según seas más o menos cauto al predecir y según aciertes más o menos.

```
Pronosticador A:
----------------
Predicción: 99%    99%    99%    99%    99%    99%    99%
Acierto:     x      o      o      o      o      x      o


Pronosticador B:
----------------
Predicción: 60%    60%    90%    90%    60%    60%    60%
Acierto:     x      o      o      o      x      o      o
```

El primer pronosticador promete una precisión que no cumple. Lo que dice que debería pasar el 1 % de las veces (sus dos fallos) ha ocurrido en un 29 % de los casos. En cambio, el pronosticador B acertó con la frecuencia que decía que lo haría, más o menos. Cuando dijo que estaba seguro al 60 %, acertó 3 de 5 veces, y cuando sentía una confianza del 90 %, lo hizo 2 de 2.

Una buena calibración es la forma de comprobar que una persona o un modelo es correcto. También es la respuesta a una crítica habitual que reciben las predicciones probabilísticas, que consiste en argumentar lo siguiente: «Es tramposo predecir con porcentajes, porque es imposible fallar. Si dices que Clinton tiene un 71 % de probabilidades de ganar, y efectivamente gana, dirás que acertaste; pero, si no gana, dirás que había un 29 % de opciones para eso también». La respuesta es que se necesitan predicciones repetidas para decidir si un pronosticador es bueno. A partir de una serie de pronósticos se puede comprobar si los sucesos ocurren con la frecuencia prevista. Los resultados a los que asignaba una probabilidad del 60 % deben haber ocurrido alrededor del 60 % de las veces, los de probabilidad 90 %, el 90 %, etcétera.

Por ejemplo, para demostrar que sus predicciones están bien calibradas, la gente de la plataforma Metaculus publica los datos de todas sus predicciones. Basta un gráfico como el siguiente, que dice que los sucesos a los que asignaban cierta probabilidad han ocurrido más o menos con esas frecuencias. Por eso los puntos se alinean sobre la diagonal:

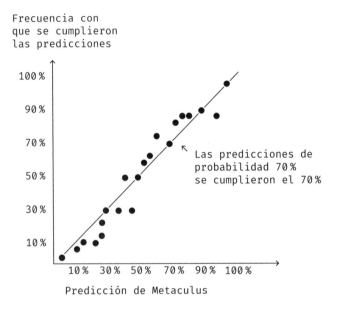

Frecuencia con
que se cumplieron
las predicciones

Las predicciones de
probabilidad 70%
se cumplieron el 70%

Predicción de Metaculus

Fuente: Metaculus, 10 de abril de 2022

3. Piensa como una esponja

Dice Philip Tetlock que hay dos tipos de expertos: zorros y erizos. Los erizos tienen una idea fuerte, una narrativa que domina su pensamiento, mientras que los zorros «saben muchas cosas». Los erizos se expresan con firmeza, cuentan historias elaboradas y suenan más convincentes, pero predicen peor. Yo prefiero llamar a los pronosticadores «martillos» y «esponjas», porque soy incapaz de recordar quiénes son zorros y quiénes erizos. Los pronosticadores martillo tienen una idea y la aplican a cualquier cosa, como el martillo, para el que todo son clavos. Son los economistas que siempre predicen las elecciones diciendo: «Es la economía, ¡estúpido!». O los expertos en geopolítica que aseguraban que Vladímir Putin no invadiría Ucrania porque no tenía razones geopolíticas (como si no pudiese anteponer sus malas ideas sobre imperios, razas y nacionalismos). La alternativa al martillo es pensar como una esponja, tener la mente abierta a distintos puntos de vista. En lugar de apegarse a una narrativa en particular, las esponjas se adaptan para incorporar información nueva. Son más flexibles, más curiosas, más reactivas. Si descubren algo nuevo, actualizan sus ideas para reflejar eso que han aprendido, y evitan el error del pronosticador martillo, que descarta todo aquello que le contradice.

Otra cosa que hacen las esponjas es contraargumentar, que se ha demostrado útil al predecir: para cada posición, suele existir un argumento en contra que vale la pena reconocer. Y también son buenas escuchando. Si quieres ver las cosas bajo un punto de vista diferente del tuyo, tienes que entenderlas tan bien como puedas. Deberías ser capaz de reproducir una tesis opuesta a la tuya con precisión, hasta poder expresarla de manera que satisfaga a la otra parte; que diga: «Exacto. Eso es lo que pienso». Es un ejercicio valioso, pero que nos resulta dificilísimo porque nuestro impulso es caricaturizar las ideas que nos contradicen y así poder ignorarlas.

4. Lleva las cuentas de lo que pasó antes

La gente que se dedica a predecir sabe que no hay mucho nuevo bajo el sol. Ningún suceso es completamente único, todos comparten características con otros sucesos del pasado. Cuando intentes predecir algo, por inédito que te parezca, plantéate una pregunta general: ¿con qué frecuencia las situaciones de este tipo acabaron de una u otra manera? Por ejemplo, para decidir si la invasión de Ucrania sería una operación relámpago, podías haber estudiado cuánto han durado las guerras modernas. ¿Es más frecuente que duren meses o que duren años? ¿Las hay que acaban en cuestión de semanas? Cada conflicto será particular, pero generalizar te da un número con el que empezar.

5. Razona pensando en Bayes

Otra buena estrategia es predecir en bayesiano: asignas una probabilidad a priori al suceso, y luego vas actualizándola a la vista de nuevas evidencias. Supón que estimas las opciones que tiene la selección española de ganar el Mundial de Catar (que seguramente ya se habrá disputado cuando leas esto). Si el torneo lo juegan 32 equipos, la probabilidad a priori es 1/32, es decir, de un 3 %. Pero ese número lo puedes ir actualizando si vas consiguiendo otros datos. Por ejemplo, puedes consultar un ranking Elo, como el que usa la FIFA para medir la fortaleza de los equipos. Mientras edito esto, según la web Eloratings, España es la cuarta mejor selección por sus resultados recientes, así que sus opciones serán mayores. Los últimos mundiales los han ganado casi siempre equipos en las primeras posiciones por Elo: Alemania lo logró en 2014 siendo tercera; España en 2010 era segunda; Italia, en 2006, séptima, y Francia, en 1998, cuarta. La excepción fue Brasil en 2002, que ganó partiendo del puesto número 18. Asumamos, por ejemplo, que los diez favoritos se reparten el 90 % de las probabilidades, y que seguramente lo harán de manera escalonada: el primero tiene un

15 % y el décimo, un 5 %. Como España es quinta, mi estimación es que tiene un 10 % de opciones de ganar. Yo he decidido estos números sin pensarlo demasiado, pero podrías hacer el mismo ejercicio tomándote más tiempo en cada paso. Lo que quiero destacar es el proceso de ir actualizando la predicción con cada dato nuevo, que es un procedimiento que nunca acaba.

Esta es la forma de razonar que siguen muchos pronosticadores. Es un poco robótica, pero eso es justo lo que quieres, porque tu instinto te puede traicionar de dos maneras opuestas: haciendo que tus predicciones sean demasiado volátiles o demasiado rígidas.

En ocasiones, nos dejamos convencer por una narrativa nueva y cambiamos por completo nuestras expectativas. Por ejemplo, si antes de que empiece el Mundial se lesiona el mejor jugador español, sentirás que ganar es casi imposible. ¡Pero un solo jugador no importa tanto! Tener un primer juicio consolidado, que has basado en muchos datos, te protegerá de estos vaivenes.

Otras veces la tentación es ignorar las ideas que chocan con tus prejuicios. Imagina que estás discutiendo con alguien convencido de que es imposible que España gane el Mundial porque sus jugadores, que son muy jóvenes, no tienen suficiente experiencia. Su argumento te parece débil, porque puedes pensar en muchos otros equipos que han ganado estando en la misma situación. Por lo tanto, decides que puedes ignorarlo... pero, cuidado, porque ahora eres tú quien está siendo irracional: estás protegiendo en exceso tu posición a priori. Está bien que no le des la vuelta, porque efectivamente la falta de experiencia no es un factor decisivo en este caso, pero sí es un elemento más que considerar. Y si es un elemento nuevo para ti, lo lógico es que razones como Bayes y actualices tu pronóstico; si antes pensabas que España tenía un 10% de opciones de ganar, quizá debas rebajarlas al 9%.

6. *Agrega bien las diferentes señales*

El penúltimo secreto de las plataformas de predicción es que promedian los juicios de mucha gente. Hacer una simple media o mediana con los pronósticos del grupo sirve para batir casi todos los pronósticos individuales. Es lo que se llama «sabiduría de la multitud», e intuitivamente tiene sentido, porque cada individuo posee información y sesgos diferentes, que se complementan al agregarlos. Es la misma lógica que te lleva a pedir una segunda opinión, por ejemplo, de un traumatólogo antes de operarte la rodilla.

7. *Ten la misión de acertar*

La última característica clave de los torneos de predicción es que allí la rendición de cuentas es monística: solo importa la precisión. Tu reputación y tus beneficios únicamente dependen de que tus predicciones sean lo más acertadas posible. Los incentivos están alineados para que intentes maximizar eso, que es algo inusual fuera de estas plataformas.

En el mundo real, la gente hace predicciones con objetivos muy diferentes. Algunos periodistas están más preocupados de entretener que de acertar; hay analistas que se dedican a gratificar ideológicamente a sus audiencias; hay consultores cuya prioridad es sonar convincentes, y epidemiólogos que expresan sus juicios con el fin de cambiar tu comportamiento, se supone que por tu bien. En el debate público no se premian las voces solo por su capacidad de hacer predicciones fiables, sino que ganan narrativas por otros motivos, como ser simplistas y convincentes, alimentar cierta ideología o tener buena intención. Y lo mismo pasa dentro de muchas organizaciones. Por eso, cuando escuches la predicción de alguien, pregúntate si su objetivo principal es acertar o si tendrá otra motivación consciente o inconsciente.

Otro problema es que nadie lleva la cuenta de los fallos de los demás, y eso hace que los incentivos se perviertan. Si eres un analista con cierta reputación, te convendrá ser conservador con tus predicciones, porque lo que más te perjudicará es cometer un error sonado. En cambio, si quieres darte a conocer, lo que te conviene es hacer predicciones excéntricas. Si fallas, nadie te prestará atención y podrás volver a intentarlo, pero a la que aciertes, aunque sea a la séptima, quizá consigas tu objetivo: te puedes convertir en la persona que avisó de que [inserta aquí cualquier cosa improbable] podía pasar.

En resumen: ¿te suenan esos expertos que te aburren porque dicen muchas veces «sin embargo», «no lo sé» o «es complicado»? Esa es la gente que tiene razón con más frecuencia. ¿Y los expertos carismáticos, que destilan confianza y cuentan historias estupendas? A menudo se equivocan.

SÉPTIMA REGLA

Admite los dilemas y haz malabares

Ten cuidado con ver solo la mitad del problema

Donde descubrimos que el mundo está lleno de dilemas. Además, explico por qué no existen sociedades utópicas: no sabemos cómo serían.

I

Las personas no pensamos suficiente en las consecuencias de nuestras decisiones. La gente que se compra una casa con jardín lo hace imaginando un día de barbacoa, pero no tiene en cuenta el trabajo que dará el césped, ni lo caro que será el impuesto municipal sobre bienes inmuebles. Esos precios los pagará nuestro yo del futuro. Años más tarde, cuando el jardín esté lleno de malas hierbas, pensarás en tu yo del pasado y te lamentarás, pero al día siguiente te volverá a pasar igual con otra cosa distinta. Este tipo de decisiones son lo que el estadístico Andrew Gelman —al que menciono por quinta vez— llama «falacias de las apuestas unilaterales», uno de esos errores que cometemos cuando razonamos bajo incertidumbre. Para explicarlo en clase, Gelman hace una pregunta a sus alumnos: ¿cuánto dinero exigirías a cambio de exponerte a una opción entre mil millones de morir inmediatamente?

Muchos estudiantes dicen que no aceptarían ese riesgo por ninguna cantidad de dinero. Pero no es cierto. Cada vez que cruzas la calle para ahorrarte un euro por ir a una tienda más barata, estás asumiendo cierto riesgo de ser atropellado, aunque sea pequeño. La cuestión con las apuestas unilaterales no es solo que decidas bien o mal; lo llamativo es que tomas decisiones obviando la mitad del asunto. Cuando optas por cruzar, solo estás viendo el euro que te ahorras, sin darte cuenta del precio que estás pagando, sean dos minutos de tu tiempo o una posibilidad infinitesimal de acabar atropellado.

Ten cuidado con ver solo la mitad del problema. Muchas decisiones son más complicadas de lo que parecen y esconden dilemas que no son evidentes de un vistazo.

Las personas sostenemos apuestas unilaterales constantemente. Es una forma de inconsistencia, como cuando dices que estás a favor de eliminar las emisiones de CO_2, pero no tienes en cuenta que entonces no podrás viajar en avión. Hay gente que reclama su derecho a portar armas de fuego fantaseando con defenderse, pero olvida que está aumentando la probabilidad de que le atraquen a punta de pistola. Muchos dilemas se vuelven difíciles si los pensamos a fondo. ¿Estoy moralmente obligado a torturar a un prisionero para desactivar una bomba en un avión? Es tentador pensar que sí, pero no estás viendo el árbol de tu decisión, con todas las consecuencias ramificadas. Por un lado, quizá, si torturas al prisionero, empujes a su hermano a poner otra bomba en tu casa. Y también puede haber efectos a largo plazo: si torturas a una persona, salvarás a cien pasajeros, pero ¿cuánta gente acabará siendo torturada en el futuro si tu país legitima ese tipo de prácticas?

Mi apuesta unilateral favorita es un argumento que usamos

para justificar la compra de lotería, que seguro que has escuchado: «Pagar tres euros no afectará a mi estilo de vida, pero tener una pequeña probabilidad de ganar un millón de euros sí que aportará una diferencia». Es una lógica que parece tener sentido. Tres euros son, a priori, insignificantes, pero tener una opción de ser millonario es mucho mejor que no tener ninguna, ¿no? Sin embargo, en realidad, el argumento oculta dos trampas. Casi nunca es verdad que solo gastarás tres euros y, lo que es más importante aún, tampoco es cierto que perder tres euros sea siempre irrelevante. Ese dinero puede ser el que te falte para comprarte el traje que haga que consigas un trabajo fantástico que mejore tu vida. ¿Crees que es poco probable que te contraten solo por ir elegante? Sí, la verdad es que es poco probable, pero ¡también lo es ganar la lotería!

II

La falacia de las apuestas unilaterales es el subproducto de una característica del mundo: está lleno de dilemas. Piensa en tu teléfono móvil, por ejemplo. Si alguna vez se te ha caído y se ha roto, seguro que te has preguntado si no podrían hacerlos más resistentes. La respuesta es que sí; se podrían fabricar con materiales más duros, pero habría que pagar un precio, que no sería solo dinero. Apple avisa de que los iPhone «son duraderos, no indestructibles», y sugiere que uses una funda si estás preocupado por que se te caiga. ¿Por qué no llevan esa protección de serie? Porque un iPhone envuelto en plástico sería más pesado y más feo. No pueden conseguir que sean resistentes, ligeros y preciosos al mismo tiempo.

Elegir es renunciar. Cada decisión esconde un dilema: tienes que perder algo para ganar otra cosa.

Para leer este libro, has dejado de hacer otras cosas (¡gracias!). En inglés se usa el término *trade-off*, «intercambio», para decir que existe una tensión entre dos cantidades o dos propiedades. No puedes tener un teléfono del todo resistente ni del todo ligero; debes priorizar una de las dos cualidades o escoger un punto intermedio entre ambas. Para visualizarlo es útil la imagen de las mantas demasiado cortas, que son odiosas, porque te dejan los pies al aire cuando tiras para cubrirte los hombros. En la vida todo es como esa manta. Un coche pequeño consume menos combustible, pero te protege menos en caso de accidente. Quizá te decidas por un todoterreno de dos toneladas porque te importa más la seguridad, pero entonces se presentarán otros costes: aunque tú estarás protegido, serás más peligroso para la gente que viaje en los demás coches. Los dilemas son omnipresentes.

Voy a poner un ejemplo trascendente y con frecuencia desatendido. Seguramente consideras que son valores deseables principios como la igualdad, la justicia, la libertad o la seguridad. La mayoría queremos tener más de todo eso, vivir en sociedades igualitarias y justas cuyos miembros vivan libres y seguros. Todos esos nos parecen objetivos que perseguir. Sin embargo, nos olvidamos de que esos grandes ideales chocan los unos con los otros. La libertad y la seguridad absolutas no son compatibles, la justicia es incompatible con la piedad y la autonomía individual con la cohesión del grupo. No podemos ser espontáneos y organizados al mismo tiempo, aunque las dos cosas nos parezcan deseables. El pensador Isaiah Berlin resumió esta maldición con una frase: «No se puede tener todo lo que se desea, no solo en la práctica, sino también en la teoría».

Por eso no existen sociedades utópicas. No solo es difícil hacerlas realidad, es que ni siquiera podemos imaginarlas. ¿Serías libre de bañarte en un mar revuelto o estaría prohibido para proteger a tus hijos de las olas traicioneras? ¿Podrías gritar si una noche te sientes eufórico o sería un derecho que nadie gritase para que todos pudiesen descansar cuando duermen? Son malabarismos irresolubles, dilemas genuinos para los que no hay una solución perfecta. No existe una sociedad idílica, única y universal. Primero, porque no todas las personas queremos lo mismo —hay quien necesita seguridad para ser feliz y quien necesita emociones para sentirse vivo—, pero también por una razón más profunda: es imposible tener al mismo tiempo todo lo que se desea.

Tu vida entera ha sido una sucesión de decisiones parecidas en busca de un equilibrio. Tienes que llegar a acuerdos incluso contigo mismo, como cuando una parte de ti quiere hacer algo («¡Salgamos esta noche!») y otra dice que no deberías («Mañana madrugamos»). No puedes vivir en el momento y pensar en tu futuro, ni tener una familia y ser completamente libre. La vida es una sucesión de elecciones y cada una de ellas desvanece sus alternativas, que se pierden como recuerdos borrosos.

III

Los objetivos que chocan entre sí nos obligan al equilibrismo, como la tenista que tiene que decidir cómo le conviene más entrenar: ¿debe desarrollar los músculos de sus hombros o esos gramos extra la volverán demasiado lenta? Ha de llegar a una armonía entre la potencia que quiere para sus golpes y la resistencia que quiere para sus piernas. ¿Dónde está el equilibrio virtuoso entre esas dos cosas? El éxito de una atleta depende de acertar con esas decisiones.

La excelencia casi siempre se consigue con equilibrios.

Por eso el deporte y el arte son difíciles. Lo más parecido que hago es escribir y también consiste en un juego de pesos y contrapesos. Quiero ser preciso pero también claro, quiero escribir con sencillez sin negar la complejidad, y, aunque no me gusta exagerar, hago lo que puedo por entretener. La maestría es algo delicado. Al respecto, me gusta una frase que Norman Maclean le dedicó a su padre, un pastor presbiteriano y pescador con mosca, que estaba muy seguro de ciertos aspectos en relación con el universo: «Para él, todas las cosas buenas —tanto la trucha como la salvación eterna— vienen por la gracia, y la gracia viene por el arte, y el arte no viene fácilmente».

Razona en términos de Pareto

Donde asumimos que todo está lleno de dilemas, pero nos armamos de un arsenal de conceptos útiles para enfrentarlos.

I

Hemos visto que la realidad nos pone ante decisiones difíciles porque queremos cosas imposibles, como teléfonos irrompibles y finísimos y sociedades donde nadie muera ahogado pero puedas bañarte en un mar movido. Hemos aceptado que son deseos irrealizables, porque no se puede tener todo, de acuerdo. Pero ¿cómo hacemos para tener lo máximo posible? Para lograrlo es útil conocer el lenguaje de Vilfredo Pareto, un economista italiano famoso por sus ideas sobre optimización.

Piensa en las ventas de este libro y en cómo nos repartimos los beneficios mi editorial y yo. Si efectivamente deja algún dinero, tenemos infinitas alternativas: me puedo quedar yo con todo (óptimo para mí), se lo pueden quedar todo ellos (óptimo para ellos), podemos compartir los beneficios o repartirlos de formas absurdas, como que no veamos un euro ni ellos ni yo. Lo que es evidente es que no podemos maximizar mis ingresos y los suyos al mismo tiempo. La tensión la podemos representar en un gráfico de dos ejes, como el siguiente:

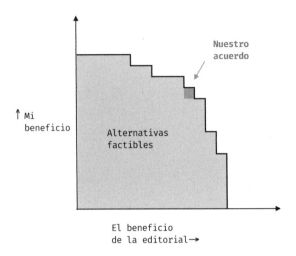

El beneficio
de la editorial→

En el gráfico he marcado con un gris oscuro el acuerdo al que hemos llegado, el equilibrio actual para nuestros intereses enfrentados. Este podría ser cualquier solución factible, que en el gráfico aparecen en color gris claro, pero lo ideal es que sea uno en el límite de lo posible, que es lo que llamamos un «óptimo de Pareto», una solución que no es posible mejorar para una parte sin perjudicar a la otra. El punto gris oscuro cumple eso. Hay alternativas donde yo ganaría más, pero entonces la editorial saldría perdiendo, y viceversa, opciones donde ellos ganan y pierdo yo.

Es importante darse cuenta de que no existe un único óptimo de Pareto; hay toda una familia de situaciones inmejorables en ese sentido, que se diferencian en función de cuánto se impone un criterio (mi beneficio) u otro (el de la editorial). Esas opciones se pueden representar con una curva que llamamos «frente de Pareto», como muestra el gráfico siguiente. La editorial y yo podríamos negociar y movernos sobre esa curva, pero sería un pulso entre ambos, un juego de suma cero que no podemos ganar los dos a la vez.

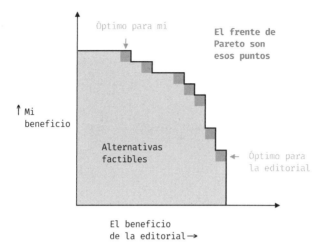

Representar el frente de Pareto también sirve para averiguar las mejoras que pueden lograrse sin conflicto. Las situaciones que son factibles pero están fuera del frente decimos que son «subóptimas», porque pueden mejorarse sin que ninguna parte acabe peor. En esos casos, se habla de una «mejora de Pareto», como pasa en los dos gráficos siguientes. Por ejemplo, imagina que este libro se traduce al inglés y de golpe tenemos más beneficios que repartir. Esa nueva edición ensancharía el espacio de soluciones factibles, haciendo que nuestro antiguo reparto deje de ser óptimo y pase a ser mejorable en varias direcciones.

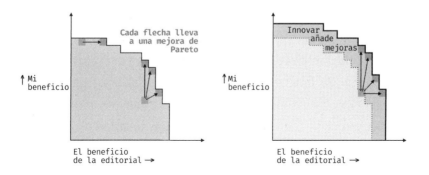

He puesto un caso donde lo que chocan son los intereses de dos agentes diferentes, mi editorial y yo, porque es un dilema más fácil de apreciar. Pero las ideas de Pareto son igual de útiles cuando lo que chocan son dos objetivos tuyos. Podríamos usar diagramas como estos para representar, por ejemplo, el dilema de escoger entre diferentes trabajos, unos mejor pagados y otros con más vacaciones.

El consejo de este capítulo es simple:

Utiliza los términos de Pareto cuando negocies intereses que entran en conflicto los unos con los otros.

Estos conceptos no son complicados, pero ponerles nombre es útil porque facilita que los usemos. Ocurre lo mismo con muchas ideas de este libro, que son de sentido común. Si les ponemos nombre y las ordenamos en listas es porque eso nos ayuda a manejarlas con más agilidad, como pasos de baile que ya practicaste. Son términos que nos permiten pensar más claro. El científico y escritor Steven Pinker ha sugerido que inventar nuevas palabras podría ser una de las transformaciones que nos ha hecho más inteligentes con el paso de los siglos. Y creo que es cierto. Hemos introducido neologismos para capturar representaciones mentales nuevas con términos como «proporcional», «placebo», «falso positivo» o *trade-off*, que son recientes en la historia humana. Es bonito pensar en las palabras como una especie de hechizos, atajos capaces de evocar en tu mente una idea compleja.

II

Si ya habías oído hablar de Pareto, lo más probable es que lo conozcas por otra idea relacionada que también lleva su nombre, el principio de Pareto o la regla 80-20. Dice esto:

A menudo, el 80 % de los resultados vienen del 20 % del esfuerzo.

Es lo que ocurre al aprender un idioma, que las primeras cien palabras son extremadamente útiles, pero cuando ya conoces miles, aprender otras cien apenas te ayuda ya. Muchas acciones tienen un beneficio marginal decreciente, como dicen los economistas. Si navegas en un bote que hace agua por veinte juntas, lo normal es que tapar la primera fuga te ayude más que tapar la segunda y mucho más que tapar la décima. Es lo que pasó con las páginas de este capítulo. Escribí el primer borrador deprisa y, aunque los ejemplos eran peores y las definiciones imprecisas, el 80 % del valor estaba ya ahí. Luego repasé el texto varias veces, y quizá es un poco mejor, pero me costó horas en lugar de minutos.

De la regla 80-20 yo saco dos lecciones contradictorias. La primera es que a menudo deberías evitar el último esfuerzo, porque lo perfecto es enemigo de lo bueno. Si con un 20 % de tu energía puedes conseguir el 80 % de un resultado, muchas veces no deberías sacrificar más que eso. Es la regla que aplico a la mayoría de mis compras, por poner un ejemplo. Antes de decidirte por una televisión, puedes dedicar cien horas a leer especificaciones, hacer una hoja de cálculo para comparar distintos modelos y luego pasarte un sábado entero buscando la tienda más barata. Eso es lo que hacía yo de niño, porque es una actitud que está en mi naturaleza. Pero, salvo que te entusiasmen las teles, es un sinsentido. Lo que hago ahora es entrar en *Wirecutter*, una web que recomienda buenos productos tras un cuidadoso análisis, y comprar algo de lo que sugieren. Es una forma eficiente de elegir televisión, porque harás una buena compra dedicándole una fracción del tiempo.

Esta regla también explica por qué el perfeccionismo puede ser una trampa para ciertas personas. Con el tiempo me he fijado en que la gente minuciosa a veces consigue menos de lo que merece, porque su autoexigencia limita el número de cosas que pueden hacer. Estoy pensando en esas personas que cuando buscan un trabajo preparan una carta de presentación perfecta en lugar de enviar veinte cartas correctas. Es el mismo error que cometen los adolescentes que deciden que les encanta un chico o una chica y se esfuerzan mucho en gustarle, haciéndoles regalos perfectos o vete a saber qué. La vida, en realidad, es mucho más azarosa y menos predecible, por eso suele tener más éxito la estrategia de tirar muchas veces los dados que la de concentrarse en una tirada elaboradísima, tanto si es para conseguir un trabajo como si lo que quieres es un novio o una novia.

No obstante, de la regla 80-20 también se extrae una segunda lección, la de que algunas veces tendrás que hacer lo contrario: si algo te importa mucho y quieres que salga excepcionalmente bien, tendrás que poner la mayor parte de tu esfuerzo en cuidar cada detalle. Tienes que aceptar que esos flecos supondrán el 80 % de tus recursos. Un caso ilustrativo son los deportistas de élite. La gimnasta Simone Biles no sería medallista olímpica sin haberse exprimido. Con un 20 % de su entrega haría unas piruetas inimaginables para la mayoría, pero seguramente insuficientes para ser la mejor de todos los tiempos. El deporte es una competición posicional donde el éxito se decide por pequeñas diferencias: puede que Biles solo sea un 5 % mejor que otras cien gimnastas, pero lograr ese 5 % puede suponer una exigencia infernal.

El equilibrio pasa por acertar eligiendo dónde concentrar tus esfuerzos. Yo compro televisiones empleando el 5 %, pero escribí durante años esforzándome al 90 %, cuando estaba empezando, no era muy bueno y tenía que esmerarme si quería que alguien me leyese. Ahora no necesito entregarme en cada texto, pero todavía publico menos que muchos periodistas. Tu energía es tu bien más escaso, y en tu vida y en tu trabajo tendrás que escoger dónde ponerla. Este es un dilema que Pareto no resuelve, porque es irresoluble, pero su regla ayuda a entenderlo.

Haz como un planificador soviético: aprende optimización

Donde casi aprendemos a optimizar siguiendo los pasos de un matemático ruso que soñó con organizarlo todo.

I

En 1938, Leonid Kantoróvich era un joven profesor de la Unión Soviética convencido de que las matemáticas iban a hacer del mundo un lugar mejor. Ya estaba pasando. Tras milenios en tinieblas, los hombres habían decidido que se gobernarían con racionalidad. Su país todavía vivía privaciones, pero él vislumbraba un futuro próspero, con aviones veloces, calefacción en todas las casas y alimentos más variados de lo que soñaron sus abuelos. Kantoróvich se sentía afortunado de vivir en Rusia, el país a la vanguardia de esa revolución, el primero donde los seres humanos iban a modelar su futuro de acuerdo con la razón.

Este economista ruso vivió los días de esplendor de la utopía soviética, como cuenta Francis Spufford en *Abundancia roja*. Desde mediados de los cincuenta hasta principios de los sesenta la Unión Soviética no parecía ir perdiendo la guerra de modelos de sociedad. Eran los años del Sputnik y de Gagarin. Los rusos encabezaban la carrera espacial y muchos analistas occidentales hablaban de la economía comunista como ahora hablamos de la pujanza de China. Había un duelo de modelos económicos y no estaba todavía clara la superioridad de ninguno de los dos. Occidente tenía los mercados, pero la Rusia soviética poseía algo de lo que carecían los capitalistas: una economía planificada. Hoy sabemos que aquel sueño fracasaría, porque poner en orden el tejido productivo de un país resultó ser más difícil de lo previsto, pero eso no era evidente entonces. Es fácil ponerse en la piel de alguien de 1940 o 1955 y ver las ventajas de la planificación. ¿Por qué iba a ser más eficiente un mercado desordenado? El sistema productivo de la URSS era propiedad del Estado y podía ser dirigido para satisfacer con generosidad y eficiencia todas las necesidades humanas. ¿Cómo no iba a ser esa economía racional algo superior al caótico derroche de la libre competencia? Bastaba pensar en lavadoras. En el mundo capitalista, decenas de empresas las fabricarían para enriquecerse, gastando lo mínimo posible y produciendo más aparatos de los necesarios. En cambio, en Rusia iban a calcular cuántas hacían falta y garantizar su calidad.

Kantoróvich creía en la economía planificada. Era un genio precoz que había llegado a la universidad con catorce años y que sería profesor desde los veintiuno, pero su reconocimiento por el Banco de Suecia, que le otorgó el galardón conocido como el Nobel de Economía, tuvo su origen en una tarea práctica que se le encomendó en 1938. Debía mejorar la producción de una fábrica de contrachapado. La factoría tenía un número de máquinas para producir ciertas piezas, y debía fabricar cierta cantidad de cada una para cubrir la cuota que el pueblo soviético necesitaba. La fábrica podía operar de infinitas formas, pero habría una configuración óptima. Kantoróvich solucionó aquel reto, pero además hizo algo más: lo generalizó. Se dio cuenta de que muchos problemas se podían expresar con las mismas matemáticas y que, formulados de esa manera, con su método, que hoy conocemos como «programación lineal», podía solucionarlos todos.

En su informe de 1939 se entrevé la ilusión de Kantoróvich: «Hasta ahora todos estos [problemas] se han solucionado caprichosamente, a ojo o por sensaciones, y, por supuesto, la solución obtenida raras veces ha sido la mejor. Más aún, el problema de encontrar las medidas óptimas a menudo nunca se ha planteado, y cuando se ha hecho casi nunca ha sido posible resolverlo. Ahora existe la posibilidad para ciertos casos de obtener no una solución arbitraria, sino la solución óptima, con un método definido y basado en la ciencia». Iba a resolver todos los retos de su país del mejor modo posible para sacar el máximo provecho de sus riquezas y del esfuerzo de su pueblo.

Así empezó la revolución de optimizar.

II

El método de Kantoróvich fue una de las técnicas pioneras de la *optimización*, una rama de las matemáticas que explotó en la segunda mitad del siglo xx.* La novedad consistía en resolver problemas que tienen infinitas soluciones. Hay un número incontable de maneras de organizar una flota de trenes, pero si decides cuál es tu objetivo —mover el máximo de personas o minimizar el tiempo entre regiones—, entonces estos métodos

---

* Kantoróvich desarrolló sus ideas en Rusia, más o menos a la vez que T. C. Koopmans, un economista holandés-americano. Lo hicieron unos años antes de que George B. Dantzig diese independientemente con la misma formulación —mientras trabajaba en problemas de planificación para las Fuerzas Aéreas de Estados Unidos—, y le diese el nombre de «programación lineal».

pueden hacer magia y encontrar la mejor solución para tu propósito. El desarrollo de estas nuevas técnicas lo propiciaron los primeros ordenadores, que permitían acometer retos de cálculo con fuerza bruta. En lugar de resolverlos con elegancia y precisión analítica, la optimización consiste en insistir e insistir. Son métodos iterativos, que ensayan miles de soluciones una detrás de otra, intentando que sean cada vez mejores, como cuando tanteas a oscuras una habitación que no conoces.

¿Por qué te cuento esto? Porque, aunque es probable que nunca tengas que optimizar matemáticamente nada, conocer esta técnica es útil para acometer muchos problemas.

Piensa como un planificador soviético: aprende a optimizar para tomar mejores decisiones.

Como descubrió Kantoróvich, casi cualquier tarea se puede pensar como una optimización: dado un conjunto de alternativas factibles, tienes que tomar las decisiones que maximicen cierto objetivo. Lo fundamental es darse cuenta de que hay tres elementos que definen un problema:

- El primer elemento son las *restricciones*, ciertos límites que tu solución debe respetar, como el número de máquinas que tiene la fábrica. El tiempo, la energía, la mano de obra, etcétera, son todo factores limitados.
- El segundo elemento es aquello que sí puedes cambiar, las *variables de decisión*, como el número de trabajadores que asignas a cada tarea. En esencia, resolver tu problema consiste en decidir los valores de esas variables.
- El tercer elemento que define el problema es su *objetivo*: ¿qué quieres lograr? Necesitas una expresión precisa que

capture tu propósito. Para una fábrica soviética, por ejemplo, puede ser maximizar la producción.

Pensar en estas tres piezas dará claridad a cualquier problema que tengas entre manos. Siempre es útil hacerte tres preguntas: ¿qué puedo cambiar?, ¿qué restricciones tengo? y ¿qué quiero conseguir?

III

La unión de ordenadores y métodos de optimización ha sido tremendamente útil, pero al mismo tiempo es cierto que no han satisfecho las expectativas alucinantes que levantó su descubrimiento. De esa decepción podemos extraer la otra enseñanza de este capítulo.

Hoy en día la optimización se usa de manera rutinaria para organizar industrias, regular el tráfico y afinar el diseño de casi cualquier cosa, desde un molino eólico hasta un patinete eléctrico. Se emplea para formular teorías económicas y para entrenar las redes neuronales que están revolucionando la inteligencia artificial. Sin embargo, la planificación algorítmica no cumplió las expectativas de Kantoróvich, como reconoció en 1975, mientras recibía el «Nobel de Economía», cuando dijo que la aplicación de sus métodos podía causar «cierta insatisfacción». Es fácil imaginar al joven ruso fascinado con las posibilidades de su idea al servicio de un país decidido a organizarlo todo. En su mente, la Unión Soviética sería una gigantesca maquinaria interconectada, con cientos de minas de cobre, miles de fábricas y millones de hornos haciendo piezas de todo tipo. Puedes pensar en listas inacabables de restricciones: las hectáreas de cultivo, las toneladas de carbón y las reservas de acero, el número de camiones y el de conductores. Y en una lista eterna de objetivos para un país que ambiciona la prosperidad: debes producir tantas sartenes y frigoríficos, cierto número de coches y suficiente leña para trescientos millones de calderas. Tu computadora recibirá toda esa información a través de miles de tarjetas perforadas, actualizadas cada día con nuevos inventarios y nuevos planes. Se pasará la noche calculando entre zumbidos, y al despuntar el sol escupirá un rollo de papel perforado que describe un plan minucioso.

Es un sueño parecido al que reviven cada año los estudiantes de ciencias de la computación o de ingeniería que descubren por primera vez estos métodos de optimización. Tienes delante un ordenador capaz de resolver casi cualquier problema al instante, da igual lo que sea: puede tratarse de la distribución perfecta de los cables de un microchip o de predecir el comportamiento de una bacteria. Podrías pedirle que organice tu calendario, que haga la lista de la compra o que te ayude a encontrar la ciudad ideal para vivir. Solo necesitas describir el problema —qué restricciones tengo, qué puedo decidir, qué quiero conseguir— y ejecutar unas pocas líneas de código. ¿Puede ser tan fácil?

La respuesta es no. Las matemáticas no resolvieron la economía rusa, ni la de ningún otro país, y tuvimos que abandonar el sueño —raro— de una máquina benévola que lo organizara todo por nosotros. Pero ¿por qué la optimización no ha resuelto más asuntos humanos? La razón no es que fuéramos incapaces de resolver muchos problemas, sino una anterior; ni siquiera supimos formularlos. Lo que limita el éxito de estos métodos es que no tenemos suficiente información. Si pudiésemos describir la economía de un país con total exactitud, quizá nuestros ordenadores podrían *resolverla*, pero estamos lejos de poder hacer una descripción con el detalle y la precisión necesarios. Es imposible saber el coste de cada pieza, y de las piezas de esas piezas, o la capacidad de cada máquina, de cada fábrica, de cada industria. Medir todo esto no es en absoluto trivial. Si no eres capaz de formular un problema, es inútil tener computadoras capaces de resolverlo.

Resolver el problema equivocado no sirve de nada. Por eso, antes de aceptar una solución, asegúrate de que el problema está bien formulado.

Además, hay otra dificultad añadida. Incluso si tuviésemos un conocimiento vastísimo, todavía nos faltaría una pieza del rompecabezas. Aún nos quedaría definir nuestros objetivos. ¿Qué queremos lograr? Es la segunda trampa de la optimización: para obtener un éxito completo tienes que saber exactamente a qué llamarías éxito, y eso tampoco es sencillo. ¿Quieres maximizar la abundancia de tu pueblo, su dinero, su tiempo o su felicidad? Todas esas cosas chocan entre sí, como ya vimos. ¿Cuántos jerséis hay que producir para que la gente sea feliz? ¿Y de cuántos colores deberían ser? Habrá quien se aburra de vestir siempre de gris, pero más se aburrirán los trabajadores de la fábrica textil.

Es posible que en las próximas décadas podamos formular problemas que hoy son inabordables gracias a la creciente digitalización y a los avances en inteligencia artificial. Son dos promesas reales, pero de momento de ciencia ficción.

OCTAVA REGLA

Desconfía de tu intuición

Frena tus conclusiones precipitadas

Donde volvemos a los trabajos de Kahneman y Tversky para señalar otros errores de nuestra intuición.

I

Tom es un estudiante universitario muy inteligente, aunque carece de creatividad verdadera. Tiene preferencia por el orden y la claridad, así como por sistemas pulcros y ordenados en los que cada detalle tiene su lugar. Su escritura es más bien sosa, y solo se revitaliza en ocasiones con destellos de imaginación que rozan la ciencia ficción. A Tom le motiva ser competente. Parece sentir poca simpatía por la gente y no disfruta interactuando con los demás. A pesar de estar tan centrado en sí mismo, tiene un profundo sentido moral.

Con esta descripción, ¿dirías que Tom es un estudiante de Informática o de alguna carrera de ciencias sociales? La mayoría de la gente diría que de lo primero, pero lo cierto es que hay muchos más estudiantes de ciencias sociales que de Informática. ¿No deberíamos dar más importancia a ese dato y no tanto a unos clichés? Quizá sí, pero nuestro cerebro no razona así.

Nuestra intuición funciona por similitudes. En su clásico estudio de 1973, Kahneman y Tversky usaron el caso de Tom para demostrar que las personas hacemos predicciones usando un «atajo de representatividad»; es decir, juzgamos la frecuencia de un suceso por la medida en que se asemeja al caso típico. Para hacer elucubraciones sobre Tom, nos fijamos en las partes de su descripción que casan mejor con nuestras ideas preconcebidas. La «introversión» y la «ciencia ficción» estarán más cerca del arquetipo «informático», y son esas conexiones las que se imponen.

Este proceso es un patrón: tu intuición razona por semejanza y abusa de los estereotipos.

Este mecanismo resulta útil en muchas ocasiones. Por ejemplo, la primera vez que friegas una copa nueva de cristal lo haces con cuidado, porque has fregado otras copas y porque sabes que el cristal es frágil. Los problemas surgen cuando damos demasiado peso a las asociaciones de este tipo e ignoramos otros hechos básicos, como, retomando el caso de Tom, que haya diez veces más estudiantes de ciencias sociales que de Informática. Ese dato significa que, si no supieses nada de él, deberías apostar 10 a 1 por que estudia Derecho, Ciencias Políticas o algo similar. Si luego averiguas que le gusta la ciencia ficción, harás bien en empujar tu pronóstico en la dirección de la Informática, pero parece exagerado darle la vuelta basándote solo en eso.

El otro ejemplo famoso de este atajo es lo que nos pasa con Linda. Imagina que responde a esta descripción: tiene treinta y un años, es soltera, directa y muy brillante. Estudió Filosofía. Durante sus años de formación, le preocupaban mucho la discriminación y la justicia social, y participó en manifestaciones en contra de la energía nuclear. Si te pregunto por Linda en el presente, ¿qué opción crees que es más probable: a) es cajera de banco; o b) es cajera de banco y una activista feminista?

La gran mayoría de la gente elige la segunda opción, porque parece más congruente que alguien como Linda sea feminista. Sin embargo, su respuesta es errónea: la probabilidad de que sean ciertas ambas cosas al mismo tiempo —que sea cajera y también feminista— es necesariamente menor que la probabilidad de cada una por separado. Piensa que todas las cajeras feministas son también cajeras y, por lo tanto, cumplen ambas opciones. Decir que la segunda es más probable que la primera supone violar la lógica de la conjunción. Pero, igual que nos ocurría con Tom, la segunda opción nos parece más representativa, y nos convence la coherencia de la historia: que Linda sea feminista encaja con las piezas de su descripción, y ese tipo de lógica es la que privilegia nuestra intuición.

Este atajo de representatividad acarrea problemas evidentes, porque nos hace tomar decisiones basadas en prejuicios. Y no es el único atajo mental que nos causa problemas.

II

Después de ser reconocido a nivel internacional, Daniel Kahneman resumió sus investigaciones con Amos Tversky en un libro de gran éxito, donde teoriza que nuestra mente tiene dos modos de funcionar: pensar rápido y pensar despacio. El segundo modo es el que usas para las matemáticas y para razonar con objetividad. Pero la mayor parte del tiempo lo que te gobierna es la intuición, un instrumento prodigioso pero que recorta las esquinas. Las personas no somos racionales como robots que se gobiernan por la lógica y las probabilidades, sino que usamos atajos imbricados en nuestra mente ancestral que se disparan por reflejo ante una situación dada. Son mecanismos que nos resultan naturales, pero que no son infalibles. Al contrario, como demostraron los dos psicólogos, ahora sabemos que esos atajos nos hacen cometer errores sistemáticos. De entre todos ellos, en este capítulo me interesa un grupo que es particularmente peligroso:

Tu cerebro es una máquina tan potente de sacar conclusiones que con frecuencia se precipita.

En nuestra historia evolutiva hemos tenido que tomar decisiones bajo incertidumbre continuamente. Sabíamos poco y había mucho que hacer, como conseguir comida, buscar refugio o huir de los depredadores. Nuestro cerebro se entrenó para la acción. Si escuchabas un ruido que podría ser un león tras la maleza, tu mente decidía en un instante que debías salir corriendo. Los humanos teníamos que actuar con información incompleta, y desarrollamos esa capacidad. Pero mi sensación es que lo hicimos de una forma que hoy resulta imperfecta: nuestro cerebro parece programado para proporcionar la máxima certidumbre, como si fuese incapaz de actuar sin ella. ¿Quizá sacamos conclusiones antes de tiempo porque esas falsas certezas son lo único que nos empuja a actuar? Es como si el cerebro estuviese más preocupado por tomar un rumbo de acción que por emitir juicios con distintos grados de confianza.

Muchos atajos mentales hacen eso: nos cargan de razón antes de tiempo, como si nuestro cerebro prefiriese darnos malas respuestas antes que ninguna en absoluto. Te digo cuatro cosas sobre Tom y casi asumes que es informático. Adiós a la indecisión. Tu juicio es como una pelota sobre una colina, condenada a caer de un lado u otro, porque te basta poca información para hacerla rodar. Lo que te resulta incómodo es la ambivalencia.

A continuación he recopilado una lista con los atajos mentales que nos empujan a sacar conclusiones y negar la incertidumbre que nos rodea. Algunos los hemos visto antes y otros son nuevos, pero te conviene aplacarlos todos.

Las personas encontramos patrones, falsos o verdaderos

Lo vimos en la quinta regla: subestimamos el azar y sacamos conclusiones con datos insuficientes. Si un jugador encesta tres triples seguidos, sentimos que el patrón es representativo: «¡Está en racha!». Pero quizá fue solo suerte.

Esperamos menos ruido del que hay en el mundo

Si nos dicen que una selección de fútbol es la favorita para ganar el mundial, nos sorprende que el 80 % de veces gane otro equipo. ¿Un favorito no debería ganar casi siempre? Es lo que esperamos, porque eso es lo prototípico, pero la realidad suele ser más incierta de lo que pensamos.

Las historias coherentes nos resultan más convincentes

Supón que solo sabes tres cosas de una chica: le gustan las compras, tiene mucha ropa y va con un entrenador personal. Si lo piensas apenas un minuto, te harás una imagen clara de cómo es, sentirás que la conoces y que puedes adivinar cosas sobre ella. Supón que luego añado dos datos: lleva gafas y lee mucho. La descripción ya no cumple el cliché, de manera que tu imagen de la chica será más borrosa. Estarás menos seguro de conocerla... aunque ahora tienes más información. La trampa es que te convence más la coherencia que la cantidad de datos, por eso los relatos simplistas nos resultan tan convincentes.

Despreciamos las circunstancias particulares

Creemos que son las características de cada persona, objeto e institución lo que determina su conducta. Si alguien actúa con honradez, le atribuimos la virtud de ser honesto y sentimos que actuará siempre igual. Pero no somos tan consistentes; nuestra personalidad no importa tanto como el contexto y el azar.

Nos inventamos narrativas para todo

Cuando nos dan una secuencia de hechos cronológicos, no podemos evitar rellenar los huecos para conectarlos con relaciones de causa y efecto. Si te digo que mi vecino se divorció y ahora me lo encuentro siempre en el gimnasio, pensarás que quiere adelgazar para ligar. Pero ¿qué sabes tú en realidad? A lo mejor el nuevo en el gimnasio soy yo y él lleva años yendo. Si nos dan dos datos cualesquiera, nuestro modo natural de razonar es unirlos para formar una historia.

En resumen, las personas somos máquinas de sacar conclusiones, y lo hacemos tan a menudo y tan bien que nos precipitamos. Eso explica una observación de Tversky que nos define: «La gente predice muy poco y lo explica todo».

III

En 1988, otro trío de psicólogos llevó a cabo uno de esos experimentos que nos hacen quedar mal. Reclutaron a un grupo de estudiantes para formularles dos preguntas: «¿Cómo de feliz estás con tu vida en general?» y «¿Cuántas citas tuviste el último mes?». Descubrieron que apenas había correlación entre las dos respuestas. Los estudiantes eran casi igual de felices con o sin citas. Pero el experimento no acababa aquí. Los psicólogos buscaron otro grupo e hicieron las mismas preguntas, pero ahora cambiadas de orden: primero la de las citas y luego cómo de felices se sentían. ¿Resultado? Las conclusiones dieron un giro radical: de golpe había una correlación fortísima, y los jóvenes con más citas se decían más felices.

Es fácil adivinar qué provoca esta inconsistencia. Juzgar cómo de feliz eres con tu vida es difícil —no es como responder qué edad tienes—, y, ante preguntas así, nos vemos influenciados por cualquier cosa que tengamos en la cabeza. En el segundo caso, los investigadores habían plantado en la mente de los estudiantes la idea de las citas. Alguien que hubiese dicho que era feliz con un 7 sobre 10, igual se decantaba por un 8 si había tenido una cita la semana antes. En cambio, si esa misma persona hacía tiempo que no salía con nadie, quizá pensaba que sí, que era feliz, pero que sería más feliz saliendo con alguien, y en lugar de responder con un 7 habría acabado decantándose por un 6. Este sesgo cognitivo se conoce como «ilusión de foco».

Las personas exageramos la importancia de cualquier cosa que tengamos en la cabeza. Cuando piensas activamente en algo, te parece más importante de lo que es en realidad.

Como en los ejemplos de la sección anterior, estamos ante otro atajo que nos empuja a ser rotundos y sacar conclusiones excesivamente firmes cuando pensamos rápido.

La ilusión de foco afecta a todo aquello que te toca de cerca. Ayuda a explicar, por ejemplo, lo que pasa con las asignaturas cuando se rehace el currículum escolar. Los profesores de todas las materias encuentran motivos para justificar que la suya es tremendamente importante, da igual si dan clases de Filosofía, Historia o Matemáticas. Y cuando escuchas sus motivos, es probable que te resulten convincentes, porque estarás pensando en ello: verás las virtudes de su asignatura con claridad y nitidez, y te olvidarás de todas las virtudes que también tienen el resto de asignaturas.

Este sesgo humano se observa también en casos absurdos. Por ejemplo, puedo citar 23 estudios distintos que dicen que, si te pregunto ahora cuándo crees que fue mi cumpleaños, es más probable que digas un número cercano al 23 solo porque acabo de mencionarlo. Las personas podemos llegar a casos extremos, como afirmar primero que una información es irrelevante y, cinco minutos después, lanzarnos a usarla para hacer predicciones locas.

Echa un vistazo a las siguientes palabras incompletas y prueba a adivinar las letras que faltan, deprisa y sin pensarlo mucho.

BA__O

_ICO   ____TIVO

E__A_O   TE__O

Yo pensé en «bajío», por ejemplo, para la primera. La tarea forma parte de un ejercicio que ideó un equipo de investigadores dirigido por Emily Pronin, como cuenta Malcolm Gladwell en su libro *Hablar con extraños*. La investigadora reclutó a un grupo de voluntarios a los que pidió rellenar los espacios de veinte palabras, y al acabar les preguntó qué decían sobre ellos las palabras que habían escrito. Yo no creo que haber elegido «vomitivo» en la segunda palabra me haga distinto de alguien que elija «positivo», y los encuestados de Pronin estaban de acuerdo. «No me parece que las palabras que he escrito digan nada de mi personalidad», escribió un participante. «Las palabras "pena", "ataque" y "amenaza" parecen apuntar en un sentido, pero no veo que digan nada sobre mí», dijo otro. Todos coincidían en que eran solo palabras, que no revelaban nada sobre ellos, que eran «aleatorias» o «producto de la casualidad».

Hasta aquí todo parece razonable, pero entonces las cosas se pusieron interesantes.

Para continuar el ejercicio, Pronin le pasó a cada participante las palabras que había escrito *otra persona* y les hizo, en esencia, la misma pregunta que antes: ¿qué crees que dicen estas palabras sobre quien las escribió? La sorpresa es que esta vez el grupo se lanzaba a teorizar sobre perfectos desconocidos. Un participante sentía que «el que escribió esta lista es algo vanidoso, pero en el fondo parece buena persona». Otro especulaba sobre hábitos sexuales: «Esta persona me da la sensación de llevar una vida llena de fatigas. También parece interesada en tener relaciones íntimas con alguien del sexo opuesto; y probablemente le gusten ciertos juegos». Alguno hacía psicología barata, como quien decía que «la palabra "mico" resulta algo aleatoria, y podría ser indicio de una mente dispersa o distraída». Muchos eran audaces: «Lo veo muy centrado en competir y ganar. Podría ser un atleta de alta competición». En un cambio radical, la misma persona que había dicho que su lista de palabras no revelaba nada en absoluto sobre ella, juzgaba así a una desconocida: «Creo que esta chica tenía la regla. También parece que ella misma o alguien que conoce bien mantiene una relación sexual deshonesta, según revelan palabras como "amante", "puta", "sucia", "engaño"».

Pronin se refiere a este fenómeno como «visión ilusoria asimétrica»: estamos convencidos de conocer a los demás mejor de lo que ellos nos conocen a nosotros. En su libro, Gladwell pone otros ejemplos, como el de los jueces que se creen capaces de juzgar la personalidad de un acusado al que ven apenas unos minutos, o como el de los funcionarios de la CIA en Cuba, que pensaban (erróneamente) que su intuición bastaba para saber qué espías eran leales y cuáles eran agentes dobles.

Hablo de este efecto porque es otra demostración más de nuestra irrefrenable tendencia a sacar conclusiones a partir de nada. La lista de palabras nos parece inútil con respecto a nosotros, pero si me animas a elucubrar, no dejaré pasar la oportunidad de inventarme alguna teoría sobre un desconocido y creérmela. Pero este fenómeno ejemplifica algo más: es también un caso de egocentrismo. Como dice Gladwell en su libro: «Nosotros somos complejos, enigmáticos, estamos llenos de matices. Los desconocidos, en cambio, son accesibles». Nos creemos capaces de mirar dentro de los corazones de los demás y descifrarlos, pero no pensamos que el resto pueda hacer eso con nosotros. Ahí actúa otro sesgo, al que vamos a dedicar el último capítulo: la mayoría de las personas tienen demasiada confianza en sí mismas.

¿Y si no fueses especial?

Donde hablo del exceso de confianza de los jugadores de béisbol, que es el mismo que padecemos la mayoría: exageramos nuestras habilidades y creemos que entendemos cosas que no entendemos.

I

El béisbol es otra de esas profesiones donde *el ganador se lo lleva todo*. Dedicas años de tu vida aspirando a ser uno de los elegidos que logra ser una estrella, lo cual es una apuesta tremendamente arriesgada: tienes una pequeña posibilidad de ganar millones y muchas opciones de quedarte sin nada. Pero es la apuesta que hacen miles de jóvenes como Logan Ice, de la ciudad de Puyallup, Washington. Con veintiún años, después de haber destacado en la liga universitaria, Ice fue escogido por los Cleveland Indians en el *draft* de 2016. Lo eligieron en el puesto número 72, entre los jóvenes más prometedores, y recibió una bonificación de 850.000 dólares por firmar. Era «uno de los mejores *catchers* [...]. Un atleta, ágil detrás del plato», según los comentarios de la retransmisión del evento. El *draft* es la vía mediante la cual los jugadores aficionados se convierten en profesionales y acceden a la máxima competición, la Major League Baseball (MLB), pero en el béisbol eso no da acceso directo a la élite. Los equipos de la MLB envían a los jugadores como Ice a las ligas menores, donde seguirán el proceso de criba. Allí lucharán por llamar la atención y hacerse un sitio en la MLB, que es donde están los salarios millonarios.

Después de su fichaje, Ice podía decir que era profesional, pero en las ligas menores apenas ganaba 8.000 dólares al año. Entonces recibió un correo de otro jugador, que le habló de Pando, una empresa con una propuesta extraña: «Reunir su riesgo». Lo que ofrece Pando es organizar un grupo con media docena de jugadores de las ligas menores, lo que llaman un *pool*, cuyos miembros se comprometen a compartir una parte de sus ingresos futuros. Si llegan a la MLB, un 10 % de su salario se repartirá entre el grupo. Es como compartir boletos de lotería para tener más opciones. El CEO de la compañía, Charlie Olson, tiene claro su discurso: «Supón que te eligen en la primera ronda [del *draft*]. En ese caso, tus ganancias esperadas como futuro jugador de la MLB son 45 millones de dólares. A todo el mundo le entusiasma. El problema es que tus opciones son como tirar una moneda. El 50 % de las veces ganarás unos 90 millones de media. El otro 50 % ganarás menos de un millón». Es decir, que incluso si eres uno de los jugadores más prometedores de Estados Unidos con veinte años, como Ice, es perfectamente posible que no acabes siendo millonario si te destrozas el hombro o simplemente resulta que no eras tan bueno.

Pando ha logrado enrolar a bastantes jugadores en acuerdos de este tipo desde 2008. Uno de ellos fue Ice, que acabó convencido de unirse porque se dio cuenta (acertadamente) de que la única forma de perder dinero con el acuerdo era «ganar un pastizal en las grandes ligas». Otro grupo lo organizó Marty Costes, de Baltimore, que en 2018 fue elegido por los Houston

Astros en el puesto 672 y que desde entonces juega en las ligas menores. Se decidió tras una pequeña lesión: «Hasta ese momento me había sentido invencible; ahora entiendo que mi futuro puede cambiar en un segundo».

Pero Logan Ice y Marty Costes son las excepciones.

La propuesta de Pando no seduce a la mayoría de los jóvenes jugadores, y la pregunta es por qué. Su negativa no tiene una explicación económica, como vio Ice, porque están comprando un seguro más que razonable: si lo necesitan, les cambiará la vida para mejor, y si no lo necesitan, porque son ellos los que se convierten en estrellas del béisbol, ganarán tanto que seguramente ni notarán que están compartiendo un 10 % con su grupo. Pero, si es así, ¿qué empuja a muchos a rechazar la propuesta y jugarse hasta el último millón a un solo número? La razón la descubrió Ice el día que cogió el teléfono para convencer a algunos colegas de que se unieran al grupo. La primera llamada fue a un buen amigo, también jugador, que rechazó la propuesta con un argumento sencillo y generalizado: «Me estás pidiendo que apueste contra mí mismo». Su amigo no quería tomar una decisión que solo daría frutos si fracasaba en el sueño de su vida. ¡No quería ni pensar en ello, como si hacerlo lo volviese real!

Esa es la contradicción del modelo de negocio de Pando. Necesitan que unos jóvenes superseguros de sí mismos contemplen la posibilidad de no jugar nunca en la MLB. Les piden que permitan una disonancia en su interior: que sigan sacrificándose al máximo para perseguir su meta y que, al mismo tiempo, acepten la opción de fracasar. Para muchos es demasiado. Los jóvenes jugadores saben que el béisbol es una carrera de riesgo extremo, y que las posibilidades que tiene un chaval de llegar a la élite son pequeñísimas, pero ¡eso es cierto con los demás, no con ellos! Ellos escuchan una voz en su cabeza que les dice que lo conseguirán. Es lo mismo que siente una joven con un ambicioso plan de negocio, un niño que quiere ser tenista o un jubilado que escribe su primera novela. Tenemos el instinto de creer en nosotros ciegamente, y esta es otra de las flaquezas que caracterizan a muchas personas, no a todas, pero sí a la mayoría.

Seguramente tú también sufres de exceso de confianza.

Nos sentimos especiales. Por eso la gran mayoría de los emprendedores creen que su compañía tiene un 70% de probabilidades de éxito, aunque solo el 25% de las nuevas empresas consiguen cumplir cinco años. El exceso de confianza creó Google, Facebook y Amazon, pero también un montón de empresas muertas que nadie recuerda. Veamos los seis puntos que caracterizan nuestro exceso de confianza:

1. *Nos pensamos por encima de la media.* ¿Crees que conduces mejor que la mayoría? Es lo que piensa el 90% de la gente, aunque casi la mitad se equivoca. Nos cuesta aceptar que somos mediocres, aunque eso sea lo habitual.
2. *Somos pesimistas sociales y optimistas individuales.* De media, los españoles valoran su propia felicidad con un 7,5 sobre 10, pero si les preguntas cómo de felices serán sus compatriotas, los subestiman y dicen que un 6,5 sobre 10.
3. *Confiamos demasiado en nuestras predicciones.* Si estamos seguros al 90% de haber respondido correctamente una pregunta, nos equivocamos el 30% de las veces.
4. *Somos los reyes del «yo ya lo dije».* Mucha gente asegura haber visto venir la victoria de Donald Trump en 2016, pero, si estaban tan seguros, ¿cómo es que nadie los vio

apostando por el republicano? Les engaña la memoria: asumían que Hillary Clinton era la favorita, pero hubo un día que pensaron «Trump puede ganar» y su memoria selectiva destaca eso ahora.

5. *Caemos en la falacia de la mala planificación.* Yo pensaba acabar este capítulo anteayer, y aquí sigo. Las personas sobrestimamos nuestra eficiencia y subestimamos el tiempo que se tarda en hacer ciertas tareas.

6. *Exageramos nuestra capacidad de influir en las cosas.* Nuestra hiperbólica confianza se manifiesta de muchas formas diferentes, pero la que más me divierte es la ilusión del control. Me refiero a ese optimismo que te embarga cuando ves a alguien incapaz de abrir una puerta y dices «Déjame a mí». Es creer que, si hubiese que aterrizar un avión entre tres amigos, sería mejor que lo manejases tú, aunque no sabrías ni por dónde empezar. Peor aún, ¿has tenido alguna vez la sensación, viendo fútbol por televisión, de que si te concentras será más probable que gane tu equipo? Quizá mandas callar a alguien en los minutos finales, como si distraerte fuese a cambiar el resultado. Sabes que es una ilusión, porque no crees realmente en el poder de tu mente para mover jugadores en el campo, pero esa sensación es inquietante. ¿No sufrirás esa misma ilusión en otros aspectos de tu vida sin darte cuenta? Seguro que sí. No tienes tanto control como sientes, ni tampoco tanto conocimiento.

II

Seguramente sabes cómo funciona una nevera, ¿no? Todos tenemos una en casa y la usamos cada día. Si te pregunto, me dirás que sí, que sabes cómo va. Pero ¿y si quiero que me lo expliques? Supón que te pido que me describas paso a paso el funcionamiento de la nevera, con todos los detalles que puedas. Lo normal es que no sepas dar una descripción mínimamente completa. Mucha gente es incapaz de explicar casi nada en detalle al respecto. Saben que es un aparato eléctrico, porque hay que enchufarlo, y que de alguna manera enfría lo que tiene dentro. Pero ¿cómo logra eso? La electricidad suele quemar las cosas, no al revés. ¿Por qué un radiador eléctrico sirve para calentar el baño y un frigorífico eléctrico enfría las cervezas? En realidad, la mayoría no sabemos explicar cómo funciona nuestra nevera. Sabemos usarla, y sabemos que podemos llamar a un técnico para que la arregle, pero poco más. Cuando hago este ejercicio en una charla o una clase, a veces hay alguna persona presente que sabe que la nevera tiene un motor, y los más informados cuentan que este mueve un compresor, que es una pieza importante del aparato, pero muy pocos pueden explicar el proceso paso a paso.

Las personas creemos entender cosas que realmente no entendemos.

Los psicólogos Leonid Rozenblit y Frank Keil descubrieron este fenómeno y lo llamaron «ilusión de la explicación profunda». La mayoría de la gente siente que entiende el mundo con mucho más detalle, coherencia y profundidad de lo que realmente lo hace. Los dos psicólogos lo demostraron con una serie de experimentos donde pidieron a un grupo de estudiantes que evaluasen su comprensión de objetos cotidianos, como un inodoro, una ballesta o una cremallera. Muchos decían que sabían cómo funcionaban esas cosas, pero luego eran incapaces de explicarlo. Los estudiantes se esforzaban y escribían lo que podían. Sin embargo, lo más interesante del experimento es lo que pasaba luego.

Después de intentar explicar el funcionamiento de los distintos objetos del estudio, los participantes volvían a valorar su conocimiento sobre ellos y se ponían notas mucho peores. Intentar explicar algo basta para que nos demos cuenta de que no lo entendemos de un modo tan profundo. Las ideas que en tu mente se ven claras y nítidas muchas veces son difusas, como esas canciones de las que escuchas la melodía en la cabeza pero que no te salen cuando intentas cantarlas. Por eso puedes reconocer una bicicleta cuando la ves pero eres incapaz de dibujarla de memoria (si no me crees, prueba a hacerlo). Intentar explicar algo sirve para disolver la ilusión de la explicación profunda. Es una forma de enfrentarnos a nuestro conocimiento real del asunto que sea. Sirve para que recordemos nuestros límites y para hacernos sanamente humildes. Como sugirió el genio de la física Richard Feynman: «Si quieres ser maestro en algo, enséñalo».

Por supuesto, esta ilusión no se limita a los objetos, sino que la exhibimos igual cuando pensamos en asuntos políticos, económicos o personales. No entiendes tan bien como crees las consecuencias de no tener un impuesto de sucesiones, los efectos de limitar la libertad de expresión o la conveniencia de que un niño repita curso. Algunos científicos creen que esta ilusión ocurre porque no distinguimos entre lo que sabemos nosotros y lo que saben los demás, como si la mente fuese una cosa comunal. En parte es cierto, porque el conocimiento humano está distribuido entre las personas que conforman una sociedad, y hay alguien por ahí que sabe cómo funciona la nevera. Nuestro error es creer que ese conocimiento distribuido es nuestro, como si el acto de comprender fuese contagioso.

Es lo que nos pasa con las opiniones. La gente que sigue la actualidad tiene un montón, o al menos siente que las tiene. Es evidente en redes sociales como Twitter, donde los debates son intensos pero efímeros: cada día nos enfadamos por asuntos distintos. Un amigo anotó los temas de discusión en nuestras redes durante quince días de mayo de 2021, y obtuvo una lista larguísima: «Peajes en las autovías; impuesto del IVA; conflicto entre Israel y Palestina; protestas populares en Colombia; subida de la cuota de los trabajadores autónomos; crisis de inmigrantes en Ceuta; Ana Iris Simón; el informe España 2050; la polémica con las credenciales de la mujer del presidente; indultos a los políticos catalanes presos; sellos racistas; factura de la luz; lavadoras de madrugada; segunda dosis de la vacuna de AstraZeneca». La mitad ni los recuerdo, pero cada uno de esos temas generó durante algunas horas discusiones en las que miles de personas expresaron juicios rotundos. Cuando vives en la rueda del hámster de la actualidad, te parece hasta normal tener tantas opiniones. Las expresas en Facebook o Twitter, las discutes en la pausa del café en el trabajo o se las gritas a la televisión por la noche. El debate público actual se basa en la premisa de que es normal tener ideas firmes de cada asunto; es más, a menudo está mal visto no pronunciarse.

Pero esto entra en colisión con un hecho evidente: es imposible formarte una opinión sobre tantas cosas. ¿Cuánto tiempo necesitas para al menos leer el informe España 2050? No digamos ya para entender el conflicto palestino-israelí. Si asumimos que estos temas exigen leer, debatir y reflexionar durante algunas horas, ¿cómo podemos opinar de tantas cosas en tan poco tiempo? Solo es posible porque discutimos con ideas prestadas. Eliges en quién confiar y tomas lo que dice como posiblemente cierto. Y no me entiendas mal: creo que este es un atajo comprensible, y que es natural que lo usemos. Lo inquietante es que seamos tan rotundos armados solo con eso, con opiniones ajenas. Tener información de segunda mano debería hacernos cautos, pero ocurre justo al revés, que la ignorancia nos hace osados. Es otra manifestación del exceso de confianza que nos caracteriza, y una paradoja que ya observó Michel de Montaigne hace quinientos años: «Nada se cree tan firmemente como aquello que menos conocemos».

Epílogo

Por una mirada híbrida

El germen de este libro fueron unas notas que garabateé furiosamente durante tres semanas de agosto del 2020, bajo los árboles del parque del Retiro. Quería escribir el texto que me hubiese gustado leer años atrás, una obra curiosa con consejos útiles sobre causalidad, azar o incertidumbre. Rellené un cuaderno con ideas y atajos que había ido encontrando en veinte años dedicados a un trabajo que empezó siendo raro y que hoy es cotidiano: observar las cosas a través de números.

Quiero acabar resumiendo tres ideas y haciendo una última advertencia.

Vives en un mundo complejo. Basta con mirarnos a nosotros. Las personas, ¡siempre tan complicadas! No entiendo realmente a nadie, ni a los extraños, ni a mis amigos, ni a mí mismo. Pero, bien pensado, ¿lo contrario no sería terrorífico? Esa complejidad es frustrante a veces, pero también hace que la vida sea interesante (un universo simple sería aburrido). Me viene a la cabeza la celebración de Oliver Sacks antes de morir:

> He amado y he sido amado; se me ha dado mucho y he dado algo a cambio; he leído, y viajado, y pensado, y escrito [...]. Sobre todo, he sido un ser sensible, un animal pensante, en este

hermoso planeta, y eso por sí solo ha sido un enorme privilegio y una aventura.

Ese mundo está llenándose de datos. Casi cualquier aspecto de tu vida deja un rastro digital, y a esa transformación pronto se sumará otra, la más importante en una década: el avance de la inteligencia artificial. Los últimos modelos de aprendizaje profundo pueden traducir mil idiomas, resumir textos, explicar matemáticas, hacer chistes y crear bellas pinturas. A la vanguardia de la tecnología estarán las empresas, que en una sociedad capitalista suelen ser las primeras en explotarla en beneficio de su negocio y (a veces) de sus clientes. Pero engancharte a TikTok es la punta del iceberg. Hay infinidad de aplicaciones virtuosas esperando que alguien las desarrolle. Piensa en lo que podría hacer tu Gobierno, que sabe dónde vives, cuánto ganas, cómo está tu salud, quiénes eran tus padres o cuándo tuviste hijos. Es normal temer un futuro distópico dominado por estados totalitarios, pero es absurdo no pensar en el reverso de ese futuro: ¿cómo podríamos usar esos mismos datos para hacer mejor la vida de la gente?

Puedes considerar la mirada cuantitativa que defiende este libro como un idioma útil. Saber matemáticas no es una propiedad que distinga a algunas personas, es algo que se aprende. Se te puede dar mejor o peor, pero si te defines como «de letras» piensa lo siguiente: aunque hablar castellano te resulta algo natural, al principio lo que hiciste fue balbucear.

El idioma de los números va a ser necesario. Primero, porque la tecnología ya es indisoluble de la experiencia humana. Y, segundo, porque la matemática y la estadística son parte esencial de la ciencia, que es desde hace siglos nuestro método para hacer preguntas y generar nuevo conocimiento.

No obstante, aquí va mi advertencia final: la mirada cuantitativa no es la única necesaria. Ningún asunto humano puede enfrentarse sin pensar en personas. Es realmente una obviedad. Si diseñas un algoritmo capaz de inventar cuentos infantiles, querrás asegurarte de que no es racista; y si creas la web de Hacienda, querrás que la pueda usar tu abuelo.

Los creadores de aplicaciones saben que no basta con que estas funcionen; si quieren que las usemos, tienen que ser bonitas y amigables, que es una ciencia y un arte. Los coches autónomos tendrán que resolver dilemas éticos, igual que un programa que analiza las mareas y dictamina si un día está prohibido el baño. Hay tensiones inescapables. Piensa en la fórmula matemática que te recomienda películas: si nunca se arriesga a que algo no te guste, ¿no estará limitando demasiado tu universo?

Es evidente que vamos a necesitar una mirada humanista en cualquier cosa que hagamos. La solución sencilla es decir que además de físicos o ingenieras, vamos a necesitar también sociólogos, artistas y psicólogos. Pero esa no es mi respuesta: no tenemos que elegir entre estos perfiles, ¡sino hibridarlos! Es hora de superar la brecha entre ciencias y humanidades, porque es una fractura artificial. Lo que necesitamos son más personas bilingües. Si eres socióloga y te preocupan los algoritmos insalubres, necesitas entenderlos. Y si eres un ingeniero que quiere crear una red social menos tóxica, tendrás que pensar como un psicólogo. Cuando me preguntan si los estudiantes de Periodismo deberían aprender a programar, digo que sí; pero también digo en las facultades de ingeniería que allí podrían cultivar otras habilidades, como comunicar mejor. Así pues, mi último consejo es que practiques esta mirada híbrida. Asómbrate con la complejidad que te rodea, mirando galaxias lejanas con un telescopio o riéndote de ver cómo tus hijos descubren que tienen manos. Reconoce los problemas de tu intuición y frena sus peores instintos, escucha de verdad a los demás, desconfía de la rotundidad y, en lugar de sentir que ya lo sabes todo, lucha por mantenerte curioso. Esta actitud tiene ventajas prácticas, pero también me atrevo a verle una trascendental: si la abrazas, harás mejor el mundo a tu alrededor.

¿Quieres más? Visita la web de «Piensa claro» en <kiko.llaneras.es/ piensaclaro>. Allí podrás encontrar materiales relacionados con este libro.

Referencias

A continuación, he incluido algunas lecturas recomendadas. Si quieres consultar una lista completa visita la web del libro: <kiko. llaneras.es/piensa-claro>.

En la primera parte uso varios ejemplos de *The Genetic Lottery*, de Kathryn Paige Harden [hay trad. cast.: *La lotería genética*, Barcelona, Deusto, 2022]. Es un libro sobre la relación entre genes y entorno, interesante porque pone énfasis en un ángulo original: igual que es injusto nacer rico o pobre, puede ser injusto nacer con ciertas variantes genéticas si te dan ventaja, como ser guapo o precavido.

La mejor introducción a los trabajos de Daniel Kahneman y Amos Tversky es el libro de Michael Lewis, *Deshaciendo errores*, Barcelona, Debate, 2017. Sus ideas se desarrollan con más profundidad en el libro de Daniel Kahneman, *Pensar rápido, pensar despacio*, Barcelona, Debate, 2012.

Para aprender más sobre causalidad, te recomiendo el libro de Miguel Hernán y James Robins, *Causal Inference: What if?*, Chapman & Hall/CRC, 2020. También *The Book Of Why*, de Judea Pearl y Dana Mackenzie [hay trad. cast.: *El libro del porqué*, Barcelona, Pasado & Presente, 2020].

En varios capítulos cito a Richard McElreath, autor de *Sta-*

tistical Rethinking, Chapman & Hall/CRC, 2020. Es un libro sobre estadística bayesiana, académico y con matemáticas, pero brillantísimo. Si puedes leer fórmulas, es una lectura muy interesante aunque no te atraiga este ámbito de la estadística.

La historia de Leonid Kantoróvich la descubrí en Francis Spufford, *Abundancia roja. Sueño y utopía en la URSS*, Madrid, Turner, 2011. Es una mezcla de novela y ensayo repleta de escenas fascinantes; un libro genial sobre una idea y un momento históricos, allá por 1950, cuando la economía planificada prometía el milagro de la abundancia.

Para saber más de los trabajos sobre predicciones de Philip E. Tetlock y Barbara Mellers, puedes leer el libro de Philip E. Tetlock y Dan Gardner, *Superpronosticadores. El arte y la ciencia de la predicción*, Buenos Aires, Katz Barpal Editores, 2017.

Agradecimientos

Todo tiene múltiples causas y este libro no es una excepción. Esta es la lista (no exhaustiva y creciente) de mis gratitudes.

El primer agradecimiento es para Miguel Aguilar, que me propuso escribir un libro cuando yo acababa de bosquejarlo: tremendo sentido de la oportunidad. También tengo que agradecer el trabajo del equipo de Debate, que mejoró el libro a cada paso, en especial a Ignasi Ruiz, Lorena Castell y Elena Martínez Bavière.

Ramón González Férriz me guio con sus consejos desde el borrador hasta el título. Leyó el primer manuscrito y sus comentarios fueron todos utilísimos.

Tengo una deuda con Miguel Hernán por leer el capítulo sobre causalidad y ayudarme a hacerlo más preciso en detalles importantes.

A Artur Galocha le agradezco que dejara aquí un destello de su magia.

Este libro no existiría sin una secuencia de azares que seguramente no tienen responsable (ver la quinta regla), pero que también me hacen sentir gratitud.

Si me dedico a escribir es por la intervención de muchos amigos, aunque no quiero culparles de nada. Pienso en mis compañeros y compañeras de Politikon, que hicieron que pasar horas leyendo, discutiendo o tuiteando fuese divertido a la vez que fértil. También en mis primeros editores, y en especial en Eduardo Suárez y en Mar, que me empujaron más allá de donde llegaba mi ambición.

Aprendí mucho de escribir con otras personas, pero sobre todo con Jordi Pérez Colomé, que además es autor de un libro que leí antes de conocernos, *Cómo escribir claro*, cuyo título tomo medio prestado.

En *El País* tengo contraídas muchas deudas, sobre todo con mis compañeros del día a día, pero la principal de este libro es por mis textos durante la pandemia en 2020 y 2021, que alentaron los entonces tres directores adjuntos: Jan Ahrens, Mónica Ceberio y Borja Echevarría. Fue un privilegio escribir aquellos análisis que yo sentía importantes.

Mi penúltimo agradecimiento es para mis lectores, empezando por quienes leían viejos blogs.

A mi familia le debo el lujo de haber sido libre. Pero este libro le debe sobre todo a mi padre, que me inculcó el placer de preguntarme sobre el funcionamiento de cualquier cosa, da igual si de una nevera o de un valle fluvial. A él lo define su dominio del arte de viajar. Vuelve siempre fascinado, disfrutando de una verdad que otros pasamos por alto: le maravilla lo que sea que haya visto.